Linda Lantieri
Daniel Goleman

EMOTIONALE INTELLIGENZ
für Kinder und Jugendliche

Ein Übungsprogramm,
um innere Stärke aufzubauen

Aus dem Amerikanischen von Andrea Panster

GOLDMANN
ARKANA

Die amerikanische Originalausgabe erschien 2008
unter dem Titel »Building Emotional Intelligence. Techniques to Cultivate
Inner Strength in Children« im Verlag Sounds True, Inc., Boulder CO 80306.

Mix
Produktgruppe aus vorbildlich
bewirtschafteten Wäldern und
anderen kontrollierten Herkünften
Zert.-Nr. SGS-COC-1940
www.fsc.org
© 1996 Forest Stewardship Council

Verlagsgruppe Random House FSC-DEU-0100
Das für dieses Buch verwendete FSC-zertifizierte Papier *Munken Premium Cream*
liefert Arctic Paper Munkedals AB, Schweden.

1. Auflage
Deutsche Erstausgabe
© 2009 der deutschsprachigen Ausgabe Arkana, München,
in der Verlagsgruppe Random House GmbH
© 2008 der Originalausgabe Linda Lantieri
© 2008 Vorwort: Daniel Goleman
Lektorat: Gerhard Juckoff
Satz: Fotosatz Amann, Aichstetten
Druck und Bindung: GGP Media GmbH, Pößneck
Printed in Germany
978-3-442-33828-3
www.arkana-verlag.de

Marsch in die Sicherheit ein enormes Durchhaltevermögen. Und in ihrem Versuch, sich einen Reim auf die Katastrophe zu machen, malten sie sich aus, die aus den Zwillingstürmen stürzenden Körper seien Vögel.[1]

Nicht das Abschneiden der Kinder bei der letzten standardisierten Prüfung half diesen erstaunlichen Erwachsenen und Jugendlichen, den Tag zu überstehen. An jenem Tag, an dem sie die größte Prüfung ihres Lebens zu bestehen hatten, trat die Frage der schulischen Vorbereitung gegenüber der Frage nach der inneren Vorbereitung in den Hintergrund. Aus irgendeinem Grund verfügten genügend Schulleiter, Lehrer und Schüler über die inneren Ressourcen, um Zugang zu ihrer tieferen Weisheit zu finden und inmitten der Verwüstung ruhig und ausgeglichen zu bleiben. In diesem Zustand entspannter Wachsamkeit waren sie in der Lage, die richtigen Entscheidungen zu treffen, die sie alle in Sicherheit bringen sollten.

Ich war an jenem Tag in Manhattan und gehörte zu den Menschen, die den Lehrern und Schülern von Ground Zero zur Seite standen. Dabei gewann ich einige wichtige Erkenntnisse. Mir wurde stärker bewusst, dass Kinder jederzeit mit den wahren Prüfungen des Lebens konfrontiert werden können und wir Erwachsene sie nicht vor Umständen bewahren können, auf die wir selbst keinen Einfluss haben. Stattdessen stellt sich die Frage, wie wir ihnen die innere Stärke vermitteln können, die sie brauchen, um sowohl die gewaltigen Herausforderungen als auch die großen Chancen zu meistern, die ihnen begegnen. Können wir vielleicht diese »Seinsweisen« sogar kultivieren, die den Schülern und Lehrern von Ground Zero geholfen haben, inmitten der großen Unwissenheit und Unsicherheit ruhig und gefasst zu bleiben?

Gewiss kann man argumentieren, dass die Lehrer und Schüler an jenem Tag einfach über die nötigen inneren Ressourcen verfügten, doch wie lässt sich der innere Brunnen wieder füllen, nachdem sie so tief daraus geschöpft haben? Während sich die Belastungen in einer modernen Kindheit häufen, stellt sich die Frage, wie wir die Gewohnheiten des Geistes, des Körpers und des Herzens fördern können, die diesen Druck lindern.

Als die Kinder in den Schulen um Ground Zero Ende Juni 2002 das vergangene Jahr Revue passieren ließen, blickte in einer Grundschule einen Block vom ehemaligen World Trade Center entfernt ein kleiner Junge seinem Lehrer geradewegs in die Augen und sagte: »Ich werde nie vergessen, dass Sie mich an jenem Tag bei der Hand genommen und nicht mehr losgelassen haben.«

Diejenigen von uns, die eigene Kinder großziehen, dürfen nicht vergessen, wie wichtig es ist, sich auch um das eigene Innenleben zu kümmern. Nur so können Sie Ihren Sprösslingen die Unterstützung geben, die sie brauchen, um ihre innere Stärke zu entwickeln. Wir dürfen erst loslassen, wenn es uns gelungen ist, ihnen jene innere Sicherheit zu vermitteln.

Worum es in diesem Ratgeber geht

Seit dem 11. September 2001 trage ich dazu bei, Tausenden von Kindern und Erwachsenen die Fähigkeiten und Strategien zu vermitteln, die ihnen helfen, Geist und Körper zur Ruhe zu bringen und besser mit ihren Gefühlen klarzukommen. Als Gründerin und Leiterin des *Inner Resilience Program* (»Programm für innere Widerstandskraft«), früher *Project Renewal* (»Projekt Erneuerung«), beobachte ich, dass es wie eine Art innerer Rüstung sein kann, wenn man die eigenen Gedanken, Gefühle und auch den Körper besser zu kontrollieren vermag. Es gibt Kindern die nötige innere Kraft, um sich den Herausforderungen und Chancen des Lebens zu stellen.

Dieses Buch liefert Ihnen und den Kindern in Ihrer Obhut praktische Ideen und Strategien, wie Sie Entspannung und Stille schätzen lernen und Stress besser bewältigen können, indem Sie sich regelmäßig ein wenig Zeit nehmen, um gemeinsam zur Ruhe zu kommen. Es gibt Ihnen die Gelegenheit, in Ihrer Familie feste Zeiten einzuführen, um Ausgeglichenheit, Erholung und Zeiten der Stille in Ihr Leben zu bringen. In ihrem Buch *The Power of Relaxation* (»Die Kraft der Entspannung«) bezeichnet Patrice Thomas eine fest eingeplante Zeit der Ruhe mit Kindern als eine »Zeit für Herz und Seele«.[2] Sie können selbst entscheiden, wie Sie diese Momente nennen möchten, und sogar Ihre Kinder in die Namenssuche einbeziehen.

Wichtig ist, dass Sie erstens beschließen, eine solche regelmäßige »Zeit für Herz und Seele« in den normalen Tagesablauf Ihrer Familie einzubauen. Wenn Sie zweitens die CD und die Übungsmaterialien verwenden, können Sie sowohl die eigene innere Stärke und emotionale Intelligenz als auch die Ihres Kindes fördern und so konkrete Fähigkeiten entwickeln.

Der Ablauf der Übungen unterscheidet sich je nach Alter des Kindes bzw. der Kinder. Kleinkinder finden beispielsweise noch sehr gut Zugang zu den inneren Dimensionen, die hier erforscht werden sollen. Sie blicken noch hinter die Fassade der Dinge. Sie sind von Staunen und Ehrfurcht erfüllt und können kreativ spielen. Gelegentlich fühlen sie Dinge, bei denen Erwachsene oft etwas Zeit brauchen, ehe sie sie wahrnehmen oder erkennen. Kleinkinder können zum Beispiel schnell und intuitiv entscheiden, mit wem sie sich anfreunden möchten. Wird dieser Aspekt eines Kindes allerdings weder beachtet noch bestätigt, so wird er versteckt und unterdrückt. Das kann zur Folge haben, dass diese Kinder den Kontakt zu einem bereits sehr weit entwickelten Teil von sich verlieren.

Leider wird den jungen Menschen auf ihrer Reise durch die Kindheit oft die stille oder deutlich vernehmbare Botschaft vermittelt, dass ihre außerordentlichen inneren Erfahrungen nicht als Teil ihrer Wirklichkeit respektiert werden. Allmählich denken sie, sie können unmöglich intuitiv etwas wissen oder tiefes Mitgefühl für jemanden empfinden, weil sie einfach nicht alt genug dafür sind. Wenn sie größer werden, wird das Gewahrsein ihrer inneren Welt immer stärker unterdrückt, vergessen und in ihrem Inneren verschlossen. Die Pubertät bietet die Gelegenheit, das Tor zu Erkundungen in dieser Richtung erneut zu öffnen, aber häufig übernehmen junge Menschen in dieser Zeit die Neigung der Erwachsenen, transzendente Erfahrungen zu ignorieren oder zu banalisieren. Noch komplizierter wird die ganze Angelegenheit dadurch, dass nur die wenigsten Menschen selbst erfahren haben, wie es ist, in diesem Bereich gefördert zu werden. Wenn es uns gelingen soll, diesen Ansatz bei unseren Kindern stärken zu können, werden wir selbst positive Vorbilder und Erfahrungen finden müssen, die uns zeigen, wie man ein sinnerfüllteres Leben führen kann.

Wir schlagen vor, Übungen dieser Art bereits mit kleinen Kindern ab fünf Jahren zu machen. In diesem Alter beobachten die Sprösslinge ihre Eltern, um Hinweise darauf zu bekommen, welche Dinge sie gefahrlos erkunden können und welche nicht. Wenn wir diese Übungen mit Kindern aller Altersstufen machen, vermitteln wir ihnen die klare Botschaft, dass wir ihre inneren Fähigkeiten kennen und schätzen. Zudem sollte man regelmäßig üben, um den größtmöglichen Nutzen zu erzielen. Diese Techniken haben das Ziel, Ruhe und Ausgeglichenheit in alle Bereiche Ihres Lebens und des Lebens Ihrer Kinder zu bringen. Das Thema dieses Buches ist zwar, wie Eltern die Führung übernehmen und ihren Kindern diese Fähigkeiten zu Hause vermitteln können. Aber auch Lehrer können diese Strategien im Unterricht anbieten. Alle Vorschläge und Ansätze, die im vorliegenden Buch behandelt werden, sind sowohl für das heimische als auch für das schulische Umfeld geeignet.

Ich werde mich im Rahmen dieses Buches und dieser CD auf zwei Methoden konzentrieren, wie man die innere Widerstandskraft und die emotionale Intelligenz von Kindern stärken und verbessern kann:

1. Körperliche Entspannung (durch progressive Muskelentspannung und einen Body-Scan)
2. Geistige Sammlung (durch eine Achtsamkeitsübung)

In diesem Kapitel wird beschrieben, welche Vorteile es haben kann, wenn man Kindern beibringt, sich regelmäßig in Stille zu üben. Darüber hinaus beschäftigt es sich mit Forschungsergebnissen, die dieser Arbeit zugrunde liegen.

In Kapitel 2 bekommen Sie ein paar Richtlinien für Ihre Aufgabe als Erwachsene, jene Atmosphäre zu schaffen, die Kinder zum Lernen anregt und für ein erfolgreiches Arbeiten nötig ist.

Die Kapitel 3, 4 und 5 beschäftigen sich jeweils mit folgenden Altersgruppen: Kinder von 5 bis 7 Jahren, von 8 bis 11 Jahren und ab 12 Jahren. Sie enthalten Übungen, die auf die jeweilige Altersstufe zugeschnitten sind und die vor sowie nach dem Hören der CD gemacht werden. Die CD selbst bietet – für jede Altersgruppe passend – eine geführte Entspannungsübung und eine geführte Aufmerksamkeitsübung.

Kapitel 6 schließlich fasst einige der Möglichkeiten zusammen, wie man sicherstellen kann, dass sich die Bemühungen zum Wohle der Kinder auch langfristig als nützlich erweisen.

Die hier vorgestellten Ideen und Strategien können keine Universallösung für die diversen Bildungs-, Verhaltens- und Gesundheitsprobleme sein, denen sich Kinder gegenübersehen. Gleichwohl hilft es sowohl ihnen als auch den Erwachsenen, die inneren Mechanismen zu kennen, mit denen sich die körperliche Stressreaktion dämpfen lässt. Das Üben bringt Ihnen und den Kindern in Ihrer Obhut unter anderem folgenden Nutzen:

- Verbesserte Selbstwahrnehmung und erhöhtes Selbstverständnis
- Verbesserte Möglichkeiten, den Körper zu entspannen und Stress abzubauen
- Mehr Konzentration und Aufmerksamkeit – was beim Lernen eine entscheidende Rolle spielt
- Einen effektiveren Umgang mit belastenden Situationen, da man lernt, entspannter auf Stressfaktoren zu reagieren
- Mehr Kontrolle über das eigene Denken sowie ein geringerer Einfluss unerwünschter Gedanken
- Mehr Gelegenheit zu einer tiefer gehenden Kommunikation und mehr Verständnis zwischen Eltern und Kindern, da man einander regelmäßig seine Gedanken und Gefühle mitteilt

Wenn Sie damit beginnen, sich regelmäßig eine Zeit des ruhigen Beisammenseins mit jedem Ihrer Kinder zu nehmen, werden hoffentlich auch Sie selbst davon profitieren. Vermutlich wird sich Ihre Selbstwahrnehmung verbessern, und Sie werden ein tieferes Verständnis dafür erlangen, wer Ihr Kind eigentlich ist. Während Sie diese festen Zeiten nutzen, um auf eine neue Weise voll und ganz für Ihre Kinder präsent zu sein, stellen Sie vielleicht fest, dass Sie auch andere Teile Ihres Tages mit einem neuen Gewahrsein für den gegenwärtigen Augenblick erleben. Ich hoffe, die Übungen werden Ihnen helfen, ganz allgemein mehr Zeit für sich und Ihre Kinder zu haben, sodass auch Sie erfolgreicher mit den Stressfaktoren im Leben umgehen und Herz und Seele der Elternrolle genießen können.

Was die Forschung über die HILFE von Übungen zum Stressabbau und zur Steigerung des Wohlbefindens zu sagen hat

Das enorme Ausmaß von unbewältigtem Stress in unserer Gesellschaft ist deutlich sichtbar. Man schätzt, dass derzeit 70 bis 90 Prozent aller Arztbesuche in den Vereinigten Staaten auf stressbedingte Störungen zurückgehen.[3] Eine Zehnjahresstudie kam zu dem Ergebnis, dass bei Menschen, die Stress nicht erfolgreich bewältigen können, die Sterberate um 40 Prozent höher ist als bei unbelasteten Personen.[4] Immer dann, wenn wir mit den Herausforderungen des Lebens konfrontiert werden, setzt unsere Gesellschaft auf schnelle Lösungen, und dann behandeln wir uns und unsere Kinder oft mit Medikamenten. Um ihren Stress in den Griff zu bekommen, konsumieren US-Amerikaner fünf Milliarden Beruhigungsmittel jährlich.[5]

Auch das Leben der Kinder ist heute sehr viel belasteter. Sind die Erwachsenen gehetzt und hektisch, müssen die Kinder es ausbaden. Zudem hat sich auch die Gesellschaft auf vielfältige Art und Weise verändert. Das verstärkt den Druck auf die Kinder und beeinträchtigt ihre Kindheit. Viele Eltern arbeiten länger und gestatten es der Arbeit, sich immer und überall in ihr Leben einzumischen. Das führt dazu, dass viele Kinder sehr viel Zeit mit den verschiedensten Bezugspersonen verbringen. Ständig stehen sie unter dem Druck, immer früher schulische Leistungen erbringen zu müssen, was die Schule zu einem großen Stressfaktor in ihrem Leben macht.

Viel zu viele junge Menschen haben heutzutage Probleme mit der geistigen Gesundheit und der psychologischen Anpassung, und unsere Gesellschaft stellt nicht die nötigen Ressourcen zur Verfügung, damit man ihnen die erforderliche Hilfe und Aufmerksamkeit zukommen lassen könnte. Man schätzt, dass einer von fünf Jugendlichen zwischen 9 und 17 Jahren eine diagnostizierbare geistige Störung hat.[6] Tatsache ist, dass immer mehr Kinder eingeschult werden, die in der Krise stecken und dem Lernen weder kognitiv noch emotional gewachsen sind. Parallel dazu stehen die Erzieher vor der Tatsache, dass die öffentlichen Erwartungen steigen, die Möglichkeiten aber gleichzeitig schwinden, die es ihnen erlauben würden, gute Arbeit zu leisten.

Wir verwechseln oft die Symptome von unbewältigtem Stress mit unangemessenem Verhalten, das unterbunden werden muss. Kinder werden von Lehrern und Eltern für Handlungen getadelt, die in Wirklichkeit eher Überlastungsfolgen als absichtliches Fehlverhalten sind. Es entsteht eine Abwärtsspirale, bei der eine Stressreaktion auf die andere folgt und in der sowohl die Erwachsenen als auch die Kinder gefangen sind.

Bei einer Erhebung mit 875 US-amerikanischen Kindern zwischen 9 und 13 Jahren wurde gefragt, was sie am meisten belastete und welcher Strategien sie sich am häufigsten bedienten, um den Stress in ihrem Leben zu bewältigen. Die drei am häufigsten genannten Stressfaktoren waren: Noten, Schule und Hausaufgaben (36 Prozent), Familie (32 Prozent) sowie Freunde, Altersgenossen, Tratsch und Hänseleien (21 Prozent). Die drei häufigsten Bewältigungsstrategien waren: spielen oder sich aktiv beschäftigen (52 Prozent), Musik hören (44 Prozent) sowie fernsehen oder Video spielen (42 Prozent). Von den zehn meistgenannten Strategien hatte nicht einer etwas mit Stille oder Kontemplation zu tun – wie die Strategien, mit denen wir uns in diesem Buch beschäftigen werden. Doch die gute Nachricht lautet, dass 75 Prozent der Befragten den Wunsch zum Ausdruck brachten, ihre Eltern sollten in schwierigen Phasen mehr Zeit mit ihnen verbringen.[7] Diese Information kann Ihnen helfen, wenn Sie mit Ihren Kindern zusammen ein paar der vorgestellten Techniken ausprobieren. Sie werden ihnen nicht nur die Stressbewältigung erleichtern, sondern auch noch dafür sorgen, dass sie wertvolle Zeit mit Ihnen verbringen.

Die Welt, in der wir als Kinder aufgewachsen sind, unterscheidet sich ganz erheblich von der Welt, in der unsere Kinder leben. Diese enthält die verschiedensten Stressfaktoren, die es in unserer Jugend noch gar nicht gab. Als Grundschullehrerin in den 70er Jahren und später in der Verwaltung der Schulen von New York City fiel mir auf, dass der soziale und emotionale Entwicklungsstand der jungen Menschen offenbar dramatisch zurückgeht. Ich sah Kinder, die aggressiver, ungehorsamer, impulsiver, trauriger, einsamer zur Schule kamen. Der Psychologe Thomas Achenbach von der Universität von Vermont bestätigte meine Beobachtungen. Seine bahnbrechende Studie mit vielen tausend amerikanischen Kindern Mitte der 70er sowie Ende der 80er Jahre lieferte den Beweis. Der US-amerikanische Nachwuchs – von den ärmsten bis hin zu den wohlhabendsten Kindern – erzielte durch die Bank immer niedrigere Punktzahlen bei der Messung von über vierzig verschiedenen Werten, die über eine Vielzahl emotionaler und sozialer Fähigkeiten Auskunft geben.[8]

Das herrschende Paradigma reagierte auf diesen Rückgang der sozialen und emotionalen Fähigkeiten der Kinder in erster Linie mit dem Versuch, die Risikofaktoren für ihr dissoziales Verhalten zu ermitteln. Fast zwei Jahrzehnte lang führte man schulische »Präventionskriege«, wie etwa den »Krieg gegen Drogen«. Sie sollten helfen, das negative Verhalten einzudämmen. Seit zwanzig Jahren beobachten wir jedoch, wie sich ein gesunder Paradigmenwechsel vollzieht. Forschung und Praxis untersuchen das Konzept der *Resilienz* oder Widerstandskraft, also der allen Menschen angeborenen Fähigkeit, sich trotz aller Herausforderungen im Leben selbst korrigieren und entwickeln zu können. Bonnie Benard ist eine Pionierin auf dem Gebiet der Methoden, die auf die eigene innere Kraft bauen. Sie führte uns vor Augen, wie man die Stärken und Fähigkeiten junger Menschen entwickeln kann, um sie so vor dem Schaden zu bewahren, den die Umstände anrichten können.[9] Diese Forschungen sind von unmittelbarer Bedeutung, wenn wir die innere Stärke der Kinder fördern wollen, indem wir ihnen eine regelmäßige Praxis vermitteln, mit der sie geistig und körperlich zur Ruhe kommen.

Die Resilienzforschung erwähnt auch einen der wichtigsten Schutzfaktoren für ein Kind: Es sollte mindestens einen (im Idealfall sogar mehrere) Erwachsene geben, die sich um diesen jungen Menschen kümmern und ihn unterstützen und von seinem Wert überzeugt sind. Die Erwachsenen in seinem Leben müssen feste Anker für ihn sein und dürfen ihn niemals aufgeben. Darüber hinaus müssen Jugendliche konkrete soziale und emotionale Fähigkeiten entwickeln, die sowohl zu Hause als auch in der Schule vermittelt werden. Sie müssen ferner häufig die Gelegenheit bekommen, sich darin zu üben, damit sie ihnen immer dann zur Verfügung stehen, wenn sie sie brauchen. Das in diesem Buch enthaltene Material unterstützt all diese Bereiche.

Was wissen wir konkret über die resilienzfördernde Wirkung bei Erwachsenen und Kindern, wenn sie systematisch lernen, den Körper zu entspannen und den Geist zu sammeln? Hunderte von Studien zur Wirkung eines Stressbewältigungsprogramms namens *Mindfulness-Based Stress Reduction* (MBSR, »Stressbewältigung durch die Übung der Achtsamkeit«), das auf der Arbeit von Jon Kabat-Zinn basiert, wurden in Fachzeitschriften veröffentlicht und von Experten geprüft. Kabat-Zinn ist der Gründer des *Stress Reduction Program* (»Programm zur Stressbewältigung«) an der medizinischen Fakultät der Universität von Massachusetts. Er untersuchte zunächst den Einsatz von Achtsamkeitsübungen bei erwachsenen Patienten mit chronischen Schmerzen. Dabei stellte er fest, dass diese Menschen nicht nur von einem Rückgang der Beschwerden berichteten, sondern dass auch ihr Blutdruck sank und sie eine Steigerung ihres Wohlbefindens verzeichneten. Heute nutzt man Formen von MBSR in über 200 medizinischen Zentren in den Vereinigten Staaten, um chronische

Schmerzen, aber auch Herz-Kreislauf-Erkrankungen sowie die Folgen von Krebstherapien zu behandeln.[10]

Darüber hinaus studierte Kabat-Zinn die Heilung von Schuppenflechte-Patienten. Dabei fand er heraus, dass sich die Betroffenen, denen eine Technik der Achtsamkeitsmeditation vermittelt wurde, viermal so schnell erholten wie die Mitglieder der Kontrollgruppe. 2001 beschäftigte sich Kabat-Zinn mit Menschen, die zwar keine größeren medizinischen Probleme, ganz sicher aber ihre Portion Alltagsstress zu bewältigen hatten. Die freiwilligen Studienteilnehmer wurden nach dem Zufallsprinzip in eine Test- und eine Kontrollgruppe geteilt. Die erste Gruppe erlernte Übungen, zu denen auch die beiden Beruhigungsstrategien gehörten, die wir in diesem Buch und auf der Begleit-CD vorstellen: Achtsamkeitsmeditation und Body-Scan. Sie wurden angehalten, diese Übungen regelmäßig auszuführen. Yoga gehörte ebenfalls zum Behandlungskonzept. Nach drei Monaten zeigte die Gruppe, die sich dieser Strategien bediente, einen 46-prozentigen Rückgang von medizinischen Symptomen wie Erkältungen, Kopfschmerzen und so weiter, einen 44-prozentigen Rückgang der psychologischen Belastung und einen 24-prozentigen Rückgang von Stress infolge von Alltagsproblemen. Bei der Kontrollgruppe war keine nennenswerte Veränderung des Stressniveaus festzustellen.[11]

Auch Richard Davidson, Professor für Psychologie und Psychiatrie an der Universität von Wisconsin in Madison, hat die positiven Auswirkungen dieser Stressbewältigungsstrategien an Erwachsenen erforscht. Dank seiner langjährigen Studien zur Wirkung von Meditation wissen wir inzwischen, dass derartige Techniken die grauen Zellen im Gehirn wachsen lassen, das Immunsystem steigern, Stress abbauen und für Wohlbefinden sorgen. Im Rahmen einer seiner jüngeren Studien versuchte Dr. Davidson, die Wirkung der Meditation auf die Konzentration zu untersuchen. Da man die Meditation als eine Art geistige Schulung der Aufmerksamkeit betrachten kann, wollte er prüfen, ob sie sich merklich auf jene Leistungen auswirkt, bei denen man sich konzentrieren muss. Er fand heraus, dass die Aufmerksamkeit offenbar flexibel und schulbar ist. Studienteilnehmer mit dreimonatiger intensiver Meditationserfahrung schnitten bei Aufmerksamkeitstests zur Untersuchung des sogenannten »Aufmerksamkeitsblinzelns« besser ab. Dr. Davidson entschied sich für die Messung dieses kurzen Aufmerksamkeitsdefizits, um die Verbindung zwischen Meditation und Konzentration zu erforschen, da man diese kurze Zeitspanne bislang für eine unveränderliche Größe des Nervensystems hielt. Erste Ergebnisse seiner Forschungen legen nun allerdings nahe, dass sich dieses Aufmerksamkeitsdefizit mit Übung verbessern lässt – eine Erkenntnis, die tiefgreifende Folgen für den Bereich des kindlichen Lernens haben könnte.[12]

Bis vor kurzem wurden die Auswirkungen dieser Übungen überwiegend bei Erwachsenen erforscht. Um das Jahr 2006 liefen strenge wissenschaftliche Untersuchungen dieser Beruhigungstechniken und ihrer Wirkung auf Kinder an – mit messbaren Daten, die reproduzierbare Ergebnisse liefern. Zurzeit finden in den Vereinigten Staaten sowie in Kanada mehrere solcher Studien statt. Das von mir entwickelte und geleitete *Inner Resilience Program* gehört zu diesen Forschungsprojekten. Mithilfe der Firma Metis Associates und einer Untersuchungsanordnung, die den Einfluss unserer Beruhigungsstrategien auf eine ausgewählte Gruppe von Lehrern, Schülern und Klassengemeinschaften in New York City ermitteln soll, sammeln wir unabhängige empirische Daten. Sechzig Personen nehmen an der Studie teil – die eine Hälfte gehört zur Test-, die andere zur Kontrollgruppe. Im Zuge unserer Untersuchung werden zunächst die Lehrer mit den in diesem Buch vermittelten Strategien vertraut gemacht. Anschließend zeigt man ihnen, wie sie diese Fähigkeiten mithilfe unseres dafür ausgearbeiteten Lehrplans bei ihren Schülern entwickeln können.

Vielen von uns, die an solchen anspruchsvollen wissenschaftlichen Untersuchungen beteiligt sind, machen die anekdotischen Ergebnisse im Vorfeld Mut. So beobachtete zum Beispiel Kimberley Schonert-Reichl von der Universität von British Columbia in Kanada, dass Kinder mit Unterricht in einer solchen Beruhigungs- und Aufmerksamkeitstechnik »weniger aggressiv, weniger oppositionell gegenüber den Lehrern und im Unterricht aufmerksamer sind sowie vermehrt von positiven Gefühlen einschließlich eines gesteigerten Optimismus berichten«. Susan Smalley, Leiterin eines ähnlichen Projekts an der Universität von Kalifornien in Los Angeles, stellte bei Teenagern mit Aufmerksamkeitsdefizit-/Hyperaktivitätsstörung (ADHS) ebenfalls Verbesserungen fest, nachdem ihnen diese Techniken vermittelt worden waren. Sie fand heraus, dass ihre Angst schwand und sich ihre Konzentrationsfähigkeit verbesserte, nachdem sie Achtsamkeitsübungen erlernt hatten. Derzeit sind noch etliche dieser wissenschaftlichen Studien im Gange. Unterdessen erfahren viele von uns aber auch weiterhin im eigenen Leben, welchen Nutzen ein solcher Ansatz für die Kinder haben kann.[13]

Die Entwicklung sozialer und emotionaler Kompetenzen[14]

Immer mehr Forschungen legen nahe, dass es langfristig einen erheblichen Unterschied bei Gesundheit und Wohlbefinden von Kindern macht, wenn man ihnen schon früh im Leben hilft, gute soziale und emotionale Fähigkeiten zu entwickeln. Studien zeigen, dass sich die sozialen und emotionalen Funktions- und Verhaltensmechanismen mit etwa acht Jahren allmählich verfestigen und sich dann das Verhalten sowie der spätere geistige Gesundheitszustand prognostizieren lassen.[15] Mit anderen Worten, wenn Kinder vor und in den ersten Grundschuljahren lernen, Gefühle konstruktiv auszudrücken sowie liebe- und respektvolle Beziehungen einzugehen, erhöht dies die Wahrscheinlichkeit, dass es ihnen in späteren Jahren gelingen wird, Depressionen, Gewalt und andere ernste geistige Gesundheitsprobleme zu vermeiden.

Daniel Goleman hat erheblich zu der Vorstellung beigetragen, dass wir das soziale und emotionale Leben von Kindern fördern müssen. In seinem bahnbrechenden und 1996 auch auf Deutsch erschienenen Buch *Emotionale Intelligenz* fasste Goleman die Forschungsergebnisse aus Neurowissenschaften und kognitiver Psychologie zusammen. Sie weisen dem EQ – der emotionalen Intelligenz – im Hinblick auf die gesunde Entwicklung und den künftigen Lebenserfolg von Kindern eine ebenso große Bedeutung zu wie dem IQ. Er schrieb:

> Es ist eines der offenen Geheimnisse der Psychologie, dass Punktwertungen – sei es der IQ oder der Schuleignungstest SAT – ungeachtet des Nimbus, der sie umgibt, kaum etwas über den späteren Erfolg im Leben vorhersagen können ... Die Ausnahmen von der Regel, dass der IQ den Erfolg vorhersagt, sind zahlreicher als die Fälle, die der Regel entsprechen. Der IQ trägt höchstens 20 Prozent zu den Faktoren bei, die den Lebenserfolg ausmachen, sodass über 80 Prozent auf andere Kräfte zurückzuführen sind.[16]

Golemans Arbeit half Pädagogen wie mir, emotionale Intelligenz als Grundvoraussetzung für eine effektive Nutzung des IQ – also der kognitiven Fähigkeiten und des Wissens – zu verstehen. Goleman verdeutlichte die Verbindung zwischen unserem Fühlen und Denken, indem er die physiologische Verknüpfung zwischen den emotionalen und den für das Handeln zuständigen Bereichen des Gehirns aufdeckte, und zwar speziell im Hinblick auf die Bedeutung dieser Regionen für das Lehren und Lernen. Der präfrontale Cortex kontrolliert emotionale Impulse, ist aber zugleich auch der Sitz unseres Arbeitsgedächtnisses und der Ort, an dem das gesamte Lernen stattfindet.

Pädagogen wie Eltern ist inzwischen sehr viel besser bewusst: Wenn chronische Ängste, Wut oder aufgewühlte Gefühle die Gedanken der Kinder stören, verringert dies die Kapazität des Arbeits- oder Kurzzeitgedächtnisses zur Verarbeitung des Lernstoffs. Das wiederum lässt darauf schließen, dass der schulische Erfolg zumindest teilweise von der Fähigkeit des Schülers abhängt, sich ein positives soziales Beziehungsfeld zu bewahren. Heute unterstützen Schulen in ganz Amerika ihre Schützlinge systematisch darin, ihren EQ zu steigern, indem sie ihnen genau die Fähigkeiten vermitteln, mit deren Hilfe sie ihre Gefühle identifizieren und managen, effektiv kommunizieren und Konflikte gewaltlos lösen können. Dieses Wissen hilft den Kindern, gute Entscheidungen zu treffen, mitfühlender zu sein und auch angesichts von Rückschlägen optimistisch zu bleiben.

Die gute Nachricht lautet, dass Schulen und Eltern gemeinsam entscheidend dazu beitragen können, eine gesunde Entwicklung der Kinder im Umgang mit ihren Gefühlen sowie ihren zwischenmenschlichen Beziehungen zu fördern. Dieser Bereich wird als *soziales und emotionales Lernen* (SEL) bezeichnet, da es sich dabei in der Tat um Fähigkeiten handelt, die ebenso erlernt und gemeistert werden können wie eine Sprache, die Mathematik oder das Lesen. Darüber hinaus muss man sich nicht zwischen der Vermittlung von schulischem Wissen einerseits und sozialen sowie emotionalen Fähigkeiten andererseits entscheiden. Viele Forschungsergebnisse deuten nämlich darauf hin, dass Schüler bessere Leistungen erbringen, wenn die klassischen Schulfächer mit SEL kombiniert werden.[17]

Worin bestehen nun diese entscheidenden Fähigkeiten? 1995 gründeten Daniel Goleman, Eileen Rockefeller Growald, Timothy Shriver und ich mit einigen anderen die bereits genannte CASEL-Kooperative. Diese Organisation hat sich der Vermittlung von sozialem und emotionalem Lernen (SEL) als wichtigem Bestandteil der Bildung verschrieben. CASEL kennt fünf grundlegende Fähigkeits- oder Kompetenzgruppen, die man sowohl zu Hause als auch in der Schule systematisch fördern kann und die zusammen die emotionale Intelligenz ausmachen.[18]

- *Selbstwahrnehmung*: Man identifiziert die eigenen Gedanken, Gefühle und Stärken und erkennt, wie sie die Entscheidungen und das Handeln beeinflussen.
- *Soziales Bewusstsein*: Man identifiziert und versteht die Gedanken und Gefühle anderer, entwickelt Mitgefühl und ist in der Lage, die Dinge auch aus der Sicht eines anderen zu sehen.
- *Selbstmanagement*: Man geht so mit seinen Gefühlen um, dass sie es einem erleichtern, die zu erledigende Aufgabe zu lösen, statt dabei zu stören. Man setzt sich lang- und kurzfristige Ziele und überwindet die Hindernisse, die sich einem in den Weg stellen.
- *Verantwortungsvolle Entscheidungen*: Man findet positive, sachlich fundierte Lösungen für Probleme, setzt sie um und weiß sie zu bewerten. Man kann die langfristigen Folgen des eigenen Handelns für sich und andere abschätzen.
- *Beziehungsmanagement*: Man kann negativem Gruppendruck standhalten und auf Konfliktlösungen hinarbeiten, um gesunde und lohnende Verbindungen zu Einzelpersonen und Gruppen aufrechtzuerhalten.

Werden soziale und emotionale Fähigkeiten vermittelt und gemeistert, hilft das den Kindern nicht nur dabei, schulische Erfolge zu erringen, sondern auch in allen anderen Lebensbereichen erfolgreich zu sein. Zahlreiche Studien kamen zu dem Schluss, dass junge Menschen, die über diese sozialen und emotionalen Fähigkeiten verfügen, in der Tat glücklichere, selbstbewusstere und kompetentere Schüler,

Familienmitglieder, Freunde und Mitarbeiter sind.[19] Gleichzeitig sind sie weit weniger anfällig für Drogen- oder Alkoholmissbrauch, Depressionen oder Gewalt.

Wenn Eltern und Kinder diese Fähigkeiten zu Hause üben und einsetzen, wirkt sich das gleich doppelt günstig aus: Den jungen Menschen fällt es nicht nur leichter, sich die Fertigkeiten anzueignen. Meist verbessern sich auch die Beziehungen innerhalb der Familie, wenn die Mitglieder einander unvoreingenommen zuhören und gemeinsam Probleme lösen. Kinder bekommen ein Verständnis dafür, dass man sein Leben lang weiterlernen muss und das Lernen nicht aufhört, wenn sie die Schule verlassen. Das soziale und emotionale Lernen ist wie eine Versicherungspolice für ein gesundes, positives und erfolgreiches Leben.

Kapitel 2
Wie Sie Kindern die Übungen zur Beruhigung des Körpers und Sammlung des Geistes vermitteln

Da Sie sich nun entschlossen haben, diese Reise anzutreten, dürfen Sie Trost aus dem Wissen schöpfen, dass es Wegweiser gibt, die Ihnen auf Ihrer Reise weiterhelfen. Die Leitlinien in diesem Kapitel zeigen Ihnen, wie Sie die innere Stärke von Kindern fördern und ihnen helfen können, ihre Fähigkeit zur Beruhigung des Körpers und Sammlung des Geistes zu vertiefen. Wir werden klären, wie wichtig *Sie selbst* sind, wenn es darum geht, in Ihrem Kind eine gewisse Wertschätzung für Ruhigwerden und Sammlung zu wecken. Dazu werden in diesem Buch Entspannungs- und Konzentrationsübungen mithilfe der folgenden Techniken vermittelt: (1) der progressiven Muskelentspannung und (2) der Achtsamkeitsübung.

Wir schlagen vor, dass Sie sich zunächst selbst mit diesen Techniken beschäftigen, um von den zahlreichen positiven Wirkungen der Übungen zu profitieren. Noch wichtiger ist allerdings, dass Ihre eigene Arbeit den fruchtbaren Boden bereitet, der für das Wachstum und die Integration dieser Übungen bei Ihrem Kind nötig ist. Wir erklären Ihnen hier ganz genau, wie Sie diesen Ratgeber nutzen können. Wir erleichtern Ihnen damit den Einstieg und unterstützen Sie und Ihr Kind auf dem Weg, auf dem Ihre Fähigkeiten wachsen und sich wandeln.

Es kann für Kinder wie für Erwachsene gleichermaßen schwierig sein, neue Verhaltens- und Seinsweisen zu erlernen. Doch unter Umständen fühlt sich diese Reise anders an als alle anderen, die Sie je unternommen haben, denn sie hat kein Ziel. Es geht vor allem darum, dass Sie authentische, beruhigende Erfahrungen mit Ihrem Kind machen, während Sie Ihr Repertoire an Möglichkeiten ausbauen, wie Sie mit den belastenden Anforderungen des Familienlebens umgehen können.

Leitlinie 1: Üben Sie sich zunächst selbst in den Techniken der Stille und der Beruhigung, ehe Sie sie mit Ihrem Kind ausprobieren

Wir hoffen, Sie werden zu dem Schluss kommen, dass Ihnen die neuen Fertigkeiten und Techniken, die Sie mithilfe dieses Ratgebers erlernen werden, ebenso viel nützen wie Ihrem Kind. Ehe Sie gemeinsam in dieses Projekt einsteigen, sollten Sie ein paar Wochen für die regelmäßige Beschäftigung mit den beiden Beruhigungstechniken reservieren, die Sie Ihrem Kind vermitteln möchten. Damit die progressive (fortschreitende) Muskelentspannung und die Achtsamkeitsmeditation ihre stressreduzierende Wirkung entfalten können, braucht es Übung. Will man einen anderen authentisch lehren, ist es hilfreich, die Techniken selbst gründlich zu erlernen.

Wenn Sie die beiden Beruhigungstechniken mithilfe der beiliegenden CD üben möchten, verwenden Sie bitte die Übungen »Entspannung für Kinder ab 12 Jahren« sowie »Konzentration für Kinder ab 12 Jahren«. Es wird Ihnen eine Hilfe sein, wenn Sie die beiden Methoden zunächst selbst ein paarmal ausprobieren, ehe Sie Ihr Kind einbeziehen. Die erste geleitete Übung wird Sie sowohl durch eine progressive Muskelentspannung als auch durch einen Body-Scan führen. Die zweite besteht aus einer Achtsamkeitsmeditation. Beide eignen sich hervorragend zum Stressabbau. Sie sollten Sie deshalb immer dann machen, wenn Sie sich gestresst fühlen – oder sich angewöhnen, sie regelmäßig zu üben, indem Sie etwa gleich zu Beginn Ihres arbeitsreichen Tages eine Achtsamkeitspause einlegen und abends vor dem Einschlafen einen Body-Scan machen.

Dieses Buch ist voller kreativer Ideen und Vorschläge, wie Sie die innere Stärke Ihres Kindes entwickeln können. Trotz alledem spielt Ihre *Gegenwart* eine sehr viel wichtigere Rolle als die Aktivitäten selbst. Ihr Kind lernt am besten durch Ihr Vorbild und Ihr Beispiel. Tobin Hart hat das in seinem Buch *Die spirituelle Welt der Kinder* ganz wunderbar formuliert: »Wir lehren in erster Linie dadurch, wer wir sind und wie wir leben. Unsere eigene Entwicklung ist mit der unserer Kinder verflochten – wir wachsen gemeinsam.«[1] Sie müssen die Entwicklung Ihrer eigenen inneren Welt ebenso ernst nehmen wie die Ihres Kindes.

Leitlinie 2: Sie spielen die Rolle eines Mit-Lernenden und eines Führers

Während sich Kinder eigenes Wissen aneignen, brauchen sie einen hilfsbereiten Führer, keine allwissende Autorität. Die beste Führung geben Menschen, die selbst eifrige Schüler sind. Indem Sie Ihren Kindern helfen, mit ihrer Innenwelt umzugehen, erweitern Sie auch die eigenen inneren Bahnen des Wissens. Somit besteht Ihre Aufgabe einfach darin, bereitwillig an der Seite Ihres Kindes zu lernen und dazu beizutragen, einen fruchtbaren Boden zu schaffen.

Lernen Sie, mehr offene Fragen zu stellen als solche, auf die es eine klare Antwort gibt. Auch das wird Ihnen helfen, in der Rolle des Mit-Lernenden zu bleiben. Eine offene Frage könnte zum Beispiel lauten: »Was ist dir heute in dieser gemeinsamen Zeit besonders aufgefallen?« Eine die Antwort vorwegnehmende Frage wäre: »Zähle alles auf, was wir heute in unserer Zeit des ruhigen Beisammenseins gemacht haben.« Darüber hinaus ist es für diesen Prozess wichtig, dass man im Augenblick gegenwärtig ist und ganz genau hinhört. Das erfordert zwar eine gewisse Vorbereitung Ihrerseits (auf die wir in den Leitlinien 3 und 4 eingehen werden), befreit Sie aber auch von der Verantwortung, die Autorität sein zu müssen. Bisweilen kann es vorkommen, dass Ihr Kind zu Ihrem Lehrer wird und Sie nach innen führt, wenn Sie es zulassen.

Damit Sie sich dieser Arbeit möglichst authentisch widmen können, müssen Sie also (1) diese Übungen und Seinsweisen in die Rituale und Gewohnheiten zu Hause einbauen, (2) die Techniken selbst erlernen, (3) die Strategien vorleben, wann immer es möglich ist, und (4) für das innere Wissen so offen bleiben, wie Ihr Kind es bereits ist.

Leitlinie 3: Kinder lernen am besten, wenn sie aktiv am Lernprozess teilhaben

Als wir selbst zur Schule gingen, erlebten viele von uns einen Unterrichtsstil, der das Lernen zu etwas machte, das der Lehrer mit oder für den Schüler tat, statt ein eigener Entdeckungsprozess zu sein. Bei dieser Art des Unterrichts ist der Lehrer die allwissende Autorität, die auf vorgeschriebene Weise Informationen weitergibt oder Fertigkeiten vermittelt. Das Kind ist nur der passive Empfänger von Wissen. Aber als Vater oder Mutter ist Ihnen zweifellos schon aufgefallen, wie leicht Kinder durch spielerische und andere praktische Tätigkeiten lernen – oft sogar ohne jemanden zu haben, der ihnen den Lernprozess erleichtert.

Tobin Hart bezeichnet das Spiel als »die heilige Aufgabe der Kinder«, die ihnen hilft, sich zu »finden und zu definieren«.[2] Wenn Kinder auf praktischem und spielerischem Wege Wissen sammeln, integrieren sie das Gelernte oft umfassender ins eigene Leben und erschaffen daraus die Bausteine für weiteres Lernen und Können. Auf einem solchen Weg sind sie nicht passiv, sondern vielmehr die aktiven Urheber der eigenen Lernerfahrung, und ihre Neugier sowie ihr Selbstvertrauen bleiben unversehrt. Sie werden nicht von einer äußeren Autorität zum Lernen gezwungen, sondern von ihrer eigenen Neugier und ihrem Wunsch geleitet. Diese Imperative der Kindheit machen junge Menschen zu guten Schülern sowie zu guten Lehrern für diejenigen, die ihre Zeit mit ihnen verbringen.

Ein solch praktischer oder »konstruktivistischer« Ansatz bildet das Herzstück dieses Ratgebers und der darin vorgestellten Aktivitäten. Das bedeutet, dass Sie sich im Folgenden um eine spielerische Haltung, einen Geist des Abenteuers und der aufrichtigen Neugier bemühen sollten. Sie sind hier, um abzuwarten und zuzuschauen, was geschieht. Versuchen Sie, sich von der Erwartung zu lösen, dass der Lernprozess Ihres Kindes auf eine bestimmte Weise ablaufen sollte. Sie werden Ihre Kinder nicht besonders gut anleiten können, sich in Ruhe und Sammlung zu üben, wenn Sie zum Beispiel lediglich zu ihnen sagen, dass sie zur Ruhe kommen sollen. Kinder brauchen die unmittelbare, intuitive Erfahrung, wie sich Ruhe in ihrem Körper anfühlt und von ihren Sinnen erfasst wird. Sie müssen aus Erfahrung lernen.

Leitlinie 4: Geben Sie dem Lernprozess Zeit

Weder bei Ihnen noch bei Ihrem Kind wird der Lernprozess, in dem Sie mehr Achtsamkeit und Wertschätzung für die Stille entwickeln, geradlinig verlaufen. Es wird Tage geben, an denen es möglicherweise so aussieht, als funktionierte nichts von dem, was Sie tun. Und plötzlich nehmen die Dinge Gestalt an: Wenn Sie die Beherrschung verlieren, rät Ihr Kind Ihnen vielleicht, tief durchzuatmen, und mit einem Mal wird Ihnen klar, wie sehr es diese Ideen bereits verinnerlicht hat. Allmählich wird das, was sich an diesem Experiment gelegentlich gezwungen oder künstlich anfühlen kann, automatischer und authentischer.

Versuchen Sie, mindestens ein paar Monate lang regelmäßig eine gewisse Zeit des ruhigen Beisammenseins mit Ihrem Kind zu verbringen. So geben Sie der Entwicklung genügend Raum zur Entfaltung. Fragen Sie regelmäßig nach, und erkundigen Sie sich bei Ihrem Kind, wie es ihm geht und ob Sie seiner Ansicht nach irgendetwas an Ihrem Vorgehen ändern sollten.

Leitlinie 5: Bauen Sie Rituale und neue Gewohnheiten in Ihren Familienalltag ein, ehe Sie mit den Aktivitäten im Buch und auf der CD beginnen

Die Übungen, mit denen Sie Ihr Kind bekanntmachen, werden Ihnen beiden mehr Raum für Stille und Sammlung im Leben verschaffen. Da unser Leben sehr geschäftig und manchmal sogar hektisch ist, fehlen häufig die Augenblicke der Kontemplation. Je öfter Kinder die Möglichkeit haben, Momente der Stille und Sammlung zu erleben, desto stärker wird das Gefühl des inneren Gleichgewichts und des Flusses. Das wirkt der Reizüberflutung entgegen, die in unserem Leben so überhandnimmt.

Einige Wochen bevor Sie mit den im Buch und auf der CD vorgestellten Übungen beginnen, können Sie allmählich ein paar Rituale und neue Gewohnheiten in Ihr Familienleben einbauen, die Ihr Kind mit den Möglichkeiten der Ruhe und der Sammlung vertraut machen. Bei der Integration dieser Übungen ist es Ihr Ziel, die Neugier des Kindes sowie seine Bereitschaft zu wecken, die im Buch und auf der Begleit-CD empfohlenen Fähigkeiten zu erlernen. Es ist wichtig, den richtigen Augenblick für die Einführung dieser neuen Seinsweisen abzuwarten. Indem Sie das erwünschte Verhalten im Umgang mit Ihrem Kind und bei der Organisation Ihres familiären Umfeldes vorleben, lassen Sie es wissen, dass Sie Stille und Sammlung zu schätzen wissen. Zudem schaffen Sie ein natürlicheres Umfeld, in dem man die tief verwurzelten, gewohnheitsmäßigen Reaktionen auf belastende Ereignisse ändern und sich gesunde Verhaltensmuster aneignen kann, die dann hoffentlich zu Lebensgewohnheiten werden. Diese Fähigkeiten werden Sie nur durch stetes Üben erwerben.

Die folgenden Rituale und Gewohnheiten sind fast eine Art Grundvoraussetzung für das Erlernen der in den Kapiteln 3, 4 und 5 präsentierten Übungen. Vielleicht haben Sie ja jetzt gleich ein paar Minuten Zeit, um im Geiste einen typischen Tag durchzugehen. Wenn Sie die Vorschläge durchgelesen haben, nehmen Sie sich fest vor, einige der Rituale und/oder Gewohnheiten zu übernehmen. Überlegen Sie, wie das in der Praxis bei Ihnen zu Hause aussehen könnte, und programmieren Sie den Erfolg vor, indem Sie Übungen auswählen, von denen Sie wissen, dass Sie sie mühelos jeden Tag oder in regelmäßigen Abständen machen können. Im Laufe des Buches werden immer wieder verschiedene Hilfsmittel erwähnt, die Ihnen den Einsatz dieser Techniken erleichtern. Ein paar davon sind möglicherweise schwer zu finden, deshalb haben wir im Anhang des Buches eine Liste der Übungsmaterialien mit Bestellinformationen beigefügt.

Machen Sie vor dem Abendessen ein Beruhigungsritual

Vor dem Abendessen können Sie im Rahmen eines Familienrituals eine Kerze anzünden. Dann richten alle Anwesenden ihre Aufmerksamkeit für eine kurze Weile schweigend auf die Flamme. Die Konzentration auf ein Objekt kann dem Geist helfen, einen Zustand tieferer Ruhe und Klarheit zu erlangen. Ehe Sie mit dem Essen beginnen, können alle Familienmitglieder reihum etwas nennen, für das sie an diesem Tag dankbar sind.

Richten Sie einen friedlichen Platz ein

Ein friedlicher und ruhiger Platz ist ein ganz besonderer Ort für die Mitglieder Ihrer Familie; sie können ihn immer dann aufsuchen, wenn sie sich nach Stille sehnen, ihr inneres Gleichgewicht wiederherstellen und in den Fluss zurückfinden möchten. Man kann sich auch an diesen Ort zurückziehen, wenn man bedrückt, gestresst, wütend oder anderweitig emotional außer Kontrolle ist – also in Momenten, in denen es helfen kann, allein zu sein. Beziehen Sie die ganze Familie in die Gestaltung dieses Platzes ein. Hängen Sie ein Bild oder ein Foto von einem friedlichen Lieblingsort Ihres Kindes auf, integrieren Sie Elemente aus der Natur, beruhigende Bilder, ruhige Instrumentalmusik, Windspiele, Mandala-Malbücher und so weiter (in der Liste der Übungsmaterialen im Anhang des Buches erfahren Sie, welche Mandala-Malbücher wir empfehlen können). Es sollte genügend Platz zum Hinlegen geben. Bequeme Kissen und ein CD-Spieler mit beruhigender Musik oder Aufnahmen natürlicher Klänge sollten ebenfalls vorhanden sein. Falls Ihr Kind noch klein ist, geben Sie ihm statt der »Auszeit« lieber eine »Ein-Zeit«: Zeit, an diesem Platz zu sich zu kommen.

Zeigen Sie Ihren Kindern, wie sie ruhig bleiben können[3]
Die folgende einfache Atemübung besteht aus vier Schritten und stammt aus dem Buch *Emotional Intelligent Parenting* (siehe Literaturhinweise im Anhang). Sie können Sie immer dann machen, wenn Ihr Kind aufgeregt ist und Selbstbeherrschung nottut. Bringen Sie Ihrem Kind diese vier einfachen Schritte bei (und probieren Sie sie selbst aus!). Sie können die Übungsanleitung zur Erinnerung an Ihrem friedlichen Platz oder an anderen Stellen bei sich zu Hause aufhängen.

1. Sage zu dir selbst: »Halt ein, und sieh dich um.«
2. Sage zu dir selbst: »Bleib ruhig.«
3. Atme tief durch die Nase ein und zähle dabei bis fünf, halte den Atem an und zähle dabei bis zwei, atme durch den Mund wieder aus und zähle dabei bis fünf.
4. Wiederhole diese Schritte, bis du dich beruhigt hast.

Spielen Sie beruhigende Musik

Übergangsphasen und andere Stressmomente im Laufe eines Tages (etwa wenn Sie sich für die Schule fertig machen oder anderweitig unter Zeitdruck stehen) eignen sich ganz wunderbar, um kurz innezuhalten, sich den Wechsel von einer Aktivität zur nächsten vor Augen zu führen und ihn zu würdigen. Der Klang langsamer, leiser, klassischer Musik kann uns tatsächlich helfen, unsere Einstellung zu diesen Momenten zu verändern. Sie können die Musik im Hintergrund laufen lassen, aber noch wirkungsvoller ist es, wenn Sie eine »Musikpause« einlegen – wenn Sie drei Minuten innehalten und ruhig einem Musikstück lauschen. Das kann in Übergangsphasen geschehen, in denen Ihr Kind intensiv auf irgendetwas konzentriert ist und langsam zum Ende kommen muss, oder wenn es Anzeichen einer erhöhten Belastung spürt. Es ist bekannt, dass ein direkter Zusammenhang zwischen dem Hören von klassischer Musik und der Verlangsamung von Atmung und Puls sowie der Veränderung unserer emotionalen Stimmung besteht.

Schaffen Sie Raum für Ruhe und Sammlung

Machen Sie sich und Ihrer Familie das Geschenk der Ruhe und Sammlung. Das ist ganz einfach, aber bei den meisten von uns zu Hause eher selten. Versuchen Sie, Momente in Ihrem Tagesablauf zu finden, in denen Sie eine kurze Pause einlegen können. Halten Sie inne. Werden Sie still und ruhig, und atmen Sie gemeinsam ein paarmal tief durch. Leben Sie im Augenblick. Wenn Sie sich zum Beispiel angewöhnt haben, auf gemeinsamen Autofahrten das Radio anzustellen, können Sie stattdessen eine Übung für die ganze Familie daraus machen, indem Sie am Anfang und am Ende der Fahrt ein paar ruhige Minuten einlegen und die Kinder bitten, auf das zu achten, was sie in dieser Zeit sehen, hören, fühlen und so weiter. Sie können zu Fuß Besorgungen erledigen oder zur Schule gehen und auf dem

Hin- oder Rückweg eine Weile still sein. Weitere Augenblicke der Stille lassen sich in konzentrierte Tätigkeiten einbauen – etwa wenn Sie gemeinsam das Essen zubereiten oder Geschenke einpacken. Die seltenen, aber wertvollen Momente, in denen Sie mit Ihrem Kind allein sind, können Sie ganz bewusst mit dem Menschen verbringen, der es wirklich ist. Solche Augenblicke können uns helfen, den Kontakt zu unserer inneren Welt zu wahren.

Sprechen Sie mit Ihrem Kind, wenn es Zeuge von Gewalt oder verstörenden Ereignissen geworden ist
Falls Ihr Kind im Laufe des Tages unvermutet in eine verstörende Situation gerät – weil es vielleicht im Fernsehen einen aufregenden oder mit Gewalt gespickten Bericht sieht, draußen einen Verkehrsunfall miterlebt oder einen Rettungswagen mit heulender Sirene vorbeifahren sieht –, dann machen Sie es sich zur Gewohnheit, einen Augenblick gemeinsam innezuhalten und den in Not geratenen Menschen gute oder heilende Gedanken zu schicken. Ein solches positives Ventil wird dafür sorgen, dass Ihr Kind sich nicht der Angst- und Stressreaktion hingibt, sondern den Stress dieses Augenblicks größtenteils abbauen kann.[4] Die Art und Weise, wie es ein bestimmtes beängstigendes Ereignis in Erinnerung behält und verarbeitet, hängt auch davon ab, wie Sie mit ihm über seine Sorgen sprechen und wie aufmerksam Sie sind, während Sie sich seine Fragen anhören.

Achten Sie die Natur, und geben Sie Ihrem Kind möglichst oft die Gelegenheit zum Aufenthalt unter freiem Himmel[5]
Die Natur schenkt uns wichtige Augenblicke der Stille, in denen wir Kontakt zu etwas aufnehmen können, das größer ist als wir selbst. Draußen in der Natur fällt es uns leichter, in unserem Körper präsent zu sein. Die Trennung zwischen Geist und Körper verschwindet. Draußen haben Kinder genügend Platz zum Rennen, Rufen und Spielen.

Dabei können sie die Energie wieder loswerden, die sich aufgrund verschiedener Stressfaktoren in ihrem Körper aufgestaut hat. Wir können draußen auch deshalb tiefer atmen, weil dort mehr Sauerstoff in der Luft ist. Der Blick auf den fernen Horizont oder Himmel kann uns helfen, unsere kleine, von unserem Körper und unserem Leben begrenzte Welt wieder in die richtige Perspektive zu rücken, falls das nötig ist. Das Verhältnis zur Natur ähnelt jeder anderen guten Beziehung. Es braucht Zeit, um sich zu entfalten, ehe es sich zu Nähe und Respekt hin entwickeln kann. Dann können wir den Herausforderungen vielleicht mit einer neuen, optimistischeren Haltung begegnen und unsere Einstellung zu gewissen Stressfaktoren bewusst verändern. Bisweilen genügt schon eine neue Perspektive, damit wir uns von den schlechten Gewohnheiten lösen können, die verhindern, dass wir unser volles Potenzial ausschöpfen.

Sie sollten Ihrem Kind nicht nur die Möglichkeit geben, sich draußen in der Natur aufzuhalten, sondern ihm auch helfen, dort ganz präsent zu sein, indem es seine Sinne gebraucht. Dann lernt Ihr Kind all die Orte, an denen es sich befindet, nicht nur mit seinem Verstand, sondern auch mit seinem Körper kennen. Dabei ist es hilfreich, wenn man sich nacheinander auf die einzelnen Sinne konzentriert – oder einfach die Veränderungen der Jahreszeiten oder die Sterne am Nachthimmel beobachtet. Sie können Ihr Kind bei der Wahl eines friedlichen Ortes draußen in der Natur unterstützen und diesen anschließend im Wandel der Zeit studieren. Ihr Kind könnte sich zum Beispiel einen Lieblingsbaum unweit von Ihrer Wohnung suchen und die jahreszeitlichen Veränderungen daran ablesen. Das Lernziel ist es, draußen in der Natur achtsam und gegenwärtig zu sein – das heißt, dass Ihr Kind seine Umgebung so detailliert wie möglich erlebt statt in der eher distanzierten Art und Weise, auf die wir die Natur sonst oft wahrnehmen.

Helfen Sie Ihrem Kind, die Signale seines Körpers wahrzunehmen

Kleinere Kinder sind oft noch in der Lage, die Signale ihres Körpers zu empfangen. Wenn sie dann älter werden, fordert die Außenwelt sie auf, ihre natürliche Empfindsamkeit abzulegen. Stress lässt sich aber nur dann abbauen, wenn man zunächst einmal weiß, dass man überhaupt gestresst *ist*. Helfen Sie Ihrem Kind, die Anzeichen von Belastung mithilfe der Checkliste »Wie fühle ich mich unter Stress?« in Kapitel 4 zu identifizieren. Sie können selbst ein Vorbild für diese Art des Gewahrseins sein, indem Sie notieren, wann Ihr Herz schneller schlägt, Ihre Atmung flacher wird oder Sie andere Anzeichen von Stress feststellen. Sie können Ihr Kind auch mithilfe der in diesem Buch empfohlenen Stressmesspunkte oder »Biodots« (siehe Liste der Übungsmaterialien) dabei unterstützen, die Hinweise seines Körpers deutlicher wahrzunehmen. Diese Punkte reagieren auf die Körpertemperatur und teilen uns durch Farbveränderungen mit, wie nervös (oder ruhig) wir wirklich sind. Denken Sie daran: Es ist wichtig, dass auch Sie Ihre Stressauslöser kennen.

Nutzen Sie die Zeit des Geschichtenerzählens

Wenn Sie mit Ihrem Kind eine Geschichte lesen, kann das eine wundervolle Gelegenheit sein, einen gemeinsamen Augenblick der Kontemplation zu erleben – vor allem dann, wenn er bewusst eingeplant wird. Beim Lesen schalten Sie sofort einen Gang zurück, und während der Lektüre ergeben sich immer wieder Momente, in denen Sie innehalten können. Beim gemeinsamen Lesen hört jeder die Stimme des anderen und kann die unterschiedlichen Gefühle wahrnehmen, die sich in ihm regen. Dabei können viele ungeplante Momente entstehen, in denen die Geschichte den einen oder den anderen von Ihnen tiefer führt. Möglicherweise stoßen Sie auf Sorgen oder tiefer gehende Fragen. Kinder lieben die Wiederholung und mögen es, wenn man ein Buch mehrmals liest. Das wirkt ähnlich wie die kontemplativen Übungen, die Sie Ihrem Kind in Kürze beibringen werden. Wenn man etwas mehrfach wiederholt – wenn man etwa ein Buch mehr als einmal laut vorliest oder sich immer wieder die CD zu diesem Buch anhört –, trägt das dazu bei, eine Reihe von Nervenbahnen im Gehirn zu stärken und so die Erinnerung an das Gehörte für die künftige Verwendung zu speichern.

Nehmen Sie sich nun ein wenig Zeit, und listen Sie einige Möglichkeiten auf, wie Sie diese Rituale und Gewohnheiten in einen typischen Tag mit Ihrer Familie einbauen können. Verwenden Sie dazu die Tabelle auf der nächsten Seite. Zum Beispiel:

Uhrzeit	Ritual oder Gewohnheit
7:30 Uhr	Leise Musik auflegen, während sich die Kinder für die Schule herrichten

Der Aufbau dieses Ratgebers

Angenommen, Sie beschäftigen sich inzwischen zu Hause mit kontemplativen Ritualen und Gewohnheiten, üben die Fertigkeiten mit der CD und haben damit die Vorbereitungen für die nächsten Schritte getroffen. Dann empfehlen wir Ihnen, nun einen genaueren Blick auf die nach dem Alter der Kinder eingerichteten Kapitel 3, 4 und 5 zu werfen. Sie werden darin Vorschläge für weitere gemeinsame Aktivitäten zu den beiden Beruhigungsmethoden finden – der progressiven Muskelentspannung und der Achtsamkeitsübung.

Auch die Stücke auf der CD sind nach dem Alter geordnet. Für die folgenden Altersgruppen von 5 bis 7 Jahren, von 8 bis 11 Jahren sowie ab 12 Jahren aufwärts gibt es je eine Übung mit dem Titel »Progressive Muskelentspannung« und »Konzentration und Achtsamkeit«.

MEINE RITUALE UND GEWOHNHEITEN	
Uhrzeit	**Ritual oder Gewohnheit**

Die CD ist das Herzstück des Programms, die von uns vorgeschlagenen Zusatzaktivitäten in den jeweiligen Kapiteln dienen dagegen als Anregungen, wie Sie Ihr Kind auf die CD vorbereiten können. Darüber hinaus helfen sie nach dem Hören der CD, das Gelernte zu festigen und zu integrieren. Sie können alle Übungen machen oder nur einige davon auswählen – je nachdem, was Ihrer Erfahrung nach bei Ihrem Kind am besten funktioniert.

In diesem Buch geben wir Ihnen auch Textvorschläge, wie Sie Ihrem Kind die Übungen erklären können. Sie sollen allerdings wirklich nur Anhaltspunkte für Sie sein. Bitte passen Sie die Texte so an, wie Sie das für richtig halten, damit sie im Rahmen Ihrer Beziehung zu Ihrem Kind authentisch sind.

Nach den Beruhigungsübungen folgen unter der Überschrift »Üben im Alltag« Rituale und Gewohnheiten, die der jeweiligen Altersstufe angemessen sind und die auf den vorherigen Übungen aufbauen. Darüber hinaus gibt es einen Abschnitt namens »Zeit für Geschichten«, in dem Sie Vorschläge für Geschichten und Erzählungen finden, die sich für die jeweilige Altersstufe eignen. Es werden auch Anstöße für die gemeinsame Diskussion dieser Bücher gegeben.

Wie Sie mit den Übungen beginnen und fortfahren

Wenn Sie erfolgreich ein paar Rituale und Gewohnheiten in Ihr Familienleben eingebaut haben und sich selbst regelmäßig in den Fertigkeiten geübt haben, können Sie die Übungen allmählich auch mit Ihrem Kind machen.

Beim ersten gemeinsamen Üben sollten Sie das Buch zusammen mit der CD verwenden und die für die Altersgruppe Ihres Kindes empfohlenen Zusatzaktivitäten machen. Sie beginnen mit den vorbereitenden Übungen, hören sich danach, wie empfohlen, die CD an und schließen mit der Nachbereitung ab. Hier ein Vorschlag, wie Sie sich auf das erste Mal vorbereiten können, wenn Sie sich zusammen mit Ihrem Kind, dem Buch und der CD hinsetzen:

1. *Lesen Sie die Anregungen durch*: Lesen Sie sich die für die Altersklasse Ihres Kindes empfohlenen Aktivitäten kurz durch, damit Sie den Geist und die Absicht der Übungen verstehen und überlegen können, ob Sie irgendwelche Anpassungen vornehmen möchten. Lesen Sie gegebenenfalls auch die Kapitel für die darüber- und/oder die darunterliegende Altersstufe, und hören Sie sich die entsprechenden Übungsanleitungen auf der CD an. So können Sie sichergehen, dass Sie sich für die passenden Übungen entscheiden. Die angegebenen Altersstufen sind nur eine Empfehlung.

   Falls sie mehrere Kinder haben, die altersmäßig nicht allzu weit voneinander entfernt sind, können Sie eine Übung auf der CD wählen, die sich Ihrer Ansicht nach für beide eignet. Sind Ihre Kinder im Alter weiter auseinander, ist es unter Umständen sinnvoll, die Vorübungen gemeinsam zu machen und dann mit Kopfhörern zu arbeiten, damit sie sich unterschiedliche Übungen auf der CD anhören können. Sie können sich diesen Aktivitäten auch mit jedem Kind einzeln widmen, um so mehr wertvolle Zeit mit ihm zu verbringen. Allerdings kann das – je nach Kinderzahl – sehr zeitaufwendig für Sie werden. Andererseits ist es aber vielleicht genau das, was Sie und Ihre Kinder brauchen, um eine tiefer gehende gemeinsame Kommunikationsebene zu finden.

2. *Legen Sie die Übungsmaterialien bereit*: Werfen Sie vorab einen Blick auf die Übungen, um zu prüfen, ob besondere Gegenstände benötigt werden. Folgende Grundausstattung brauchen Sie für alle Aktivitäten:

- ❏ Eine *Glocke*, eine *Klangschale* oder einen *Klangstab*, mit dem Sie den Anfang und das Ende aller Übungen signalisieren (siehe Liste der Übungsmaterialien). Sie können aber auch jede andere Glocke verwenden.
- ❏ Jeweils ein *Tagebuch* (wir nennen es auch »Meditationstagebuch«) für Sie und Ihr Kind. Mit den entsprechenden Blättern Papier und einem Locher können Sie Ihre eigenen Tagebücher basteln und mit Garn oder Faden binden. Sie können aber auch fertige Notiz- oder Tagebücher kaufen.

Bei den anderen Übungsmaterialien handelt es sich meist um gängige Haushaltsgegenstände, die verhältnismäßig leicht zu finden sind. Trotzdem sollten Sie darauf achten, sie vor Übungsbeginn bereitzulegen.

3. *Bestimmen Sie eine Zeit*: Wählen Sie einen Ort und eine Zeit, zu der Sie Ihrer Ansicht nach zu Gefühlen der Ruhe und der Konzentration fähig sind. Es hilft, stets zur selben Zeit zu üben, das erleichtert die Planung.

4. *Machen Sie die beiden Übungen nicht nacheinander*: Wir empfehlen Ihnen, die beiden für die Altersstufe Ihres Kindes vorgesehenen Übungen nicht direkt nacheinander zu machen. Achten Sie darauf, dass stets ein gewisser Abstand zwischen den Übungen »Entspannung« und »Konzentration« liegt. Sie können sich zum Beispiel zunächst mit der progressiven Muskelentspannung beschäftigen, die sie mehrmals üben, ehe Sie zur Konzentrationsübung (der Achtsamkeitsmeditation) übergehen.

5. *Planen Sie regelmäßige Übungszeiten ein*: Es wäre ideal, wenn Sie und Ihr Kind sich fest vornehmen würden, mindestens dreimal die Woche eine Entspannungs- oder Konzentrationsübung zu

machen. Nach der Einführung einer Aktivität können Sie die Vorübungen im Buch weglassen. Von nun an verwenden Sie nur noch die entsprechende Übung auf der CD und nehmen sich anschließend etwas Zeit, um darüber nachzudenken und Tagebuch zu führen. Vielleicht probieren Sie danach noch ein paar Zusatzaktivitäten aus. Unter Umständen finden sich auch in den Kapiteln für die anderen Altersgruppen Möglichkeiten, die Sie nutzen können.

6. *Behalten Sie Ihre Rituale und Gewohnheiten bei, und bauen Sie sie aus*: Führen Sie weiterhin auch die Rituale und Gewohnheiten fort, mit denen Sie zwei bis drei Wochen vor dem Einstieg in die Arbeit mit der CD begonnen haben. Wenn Sie mit den Aktivitäten allmählich vertrauter sind, möchten Sie unter Umständen noch ein paar zusätzliche Rituale und Gewohnheiten einbauen (Vorschläge dafür finden Sie im jeweiligen Kapitel im Abschnitt »Üben im Alltag«). Sie können aber gern auch eigene Ideen umsetzen!

Hintergrundinformationen zu den Entspannungs- und Konzentrationübungen

Die erste Übungsfolge macht Kinder mit einigen Konzepten und Fähigkeiten bekannt, die ihnen verstehen helfen, wie Stress die Lebensqualität beeinflusst. Auf jede Situation, die wir für einen Notfall halten, reagiert der Körper mit Stress. Somit ist Stress keine Frage der Ereignisse oder Umstände selbst, sondern unserer körperlichen Reaktion darauf. Der Körper registriert Belastung im Rahmen der sogenannten »Stressreaktion«, mit der er auf Gefahren reagiert. Dies ist ein angeborener Automatismus, der eine Reihe von physiologischen Reaktionen auslöst: Der Pulsschlag erhöht sich, das Blut fließt in die

Muskeln, um uns Kraft zu geben, unsere Pupillen weiten sich, und die Verdauung wird eingestellt. Das Problem ist, dass die Stressreaktion im modernen Leben viel zu häufig abgerufen wird, da wir auf viele Situationen reagieren, als seien sie lebensbedrohlich, obwohl dies nicht der Fall ist. Dementsprechend fehlt unserem Nervensystem die Zeit, sich wieder zu erholen. Chronischer Stress ist für den Körper nur schwer zu bewältigen, und eine übermäßige Belastung kann zu stressbedingten Krankheiten führen.

Zum Glück entdeckte Ende der 60er Jahre eine Forschergruppe an der Harvard-Universität, zu der auch Herbert Benson gehörte, dass es eine Abhilfe für die Stressreaktion gibt. Sie besteht aus einer ähnlich aufeinander abgestimmten Reihe von körperlichen Abläufen. Benson bezeichnete sie als »Entspannungsreaktion«. Die Entspannungsreaktion lässt sich dadurch auslösen, dass man einfach ruhig dasitzt oder -liegt und den Körper mithilfe von Meditation, Visualisierung, ruhigen Bewegungen, Kunst und Musik oder bewusster und systematischer Muskelentspannung zur Ruhe bringt. Die Forscher stellten fest, dass die Stressreaktion zwar unwillkürlich abläuft, die Entspannungsreaktion dagegen der Übung bedarf.[6]

Die in diesem Buch beschriebenen Beruhigungsstrategien geben den Kindern zwei Werkzeuge an die Hand, mit denen sie die Entspannungsreaktion auslösen und so ihren Stress effektiv bewältigen können. Zunächst kommt es auf eine tiefe Atmung an. Sie ist eines der Schlüsselelemente aller Beruhigungstechniken. Eine tiefe und regelmäßige Atmung ist eine der schnellsten und einfachsten Möglichkeiten, Entspannung und Gewahrsein zu erhöhen sowie Anspannung und Stress abzubauen. Allerdings unterstützt nur die Bauchatmung (auch Zwerchfellatmung genannt) den Abbau von tiefsitzendem Stress.

Darüber hinaus müssen wir uns deutlicher bewusst werden, was uns belastet und wie wir körperlich auf diese Stressfaktoren reagieren. Anfangs wissen wir vielleicht nicht genau, wie viel Stress unser Körper empfindet, da die Belastungen bereits in ihm wirksam werden, ehe wir sie bewusst wahrnehmen. Mit angespannten Muskeln signalisiert er uns, dass wir unter Stress stehen.

Über die Entspannung

Im Rahmen der ersten Beruhigungsübung – der »Entspannung« – bringen wir Kindern eine Technik bei, mit der sie feststellen können, wie angespannt ihr Körper ist und wie sie die eigenen Muskeln progressiv (nacheinander) entspannen können. Die progressive Muskelentspannung (die man auch »fortschreitend« oder »zunehmend« nennen könnte) wurde von dem Arzt Edmund Jacobson entwickelt, der im Jahr 1938 ein Buch darüber veröffentlichte. Sie geht von der Voraussetzung aus, dass die Körpermuskulatur angstauslösende Gedanken und Ereignisse registriert. Die Erhöhung der Muskelspannung verstärkt dann ihrerseits die vorhandenen Angstgefühle. Dr. Jacobson zeigte, dass auch das Gegenteil der Fall ist: Wenn sich ein Muskel entspannt, verringert sich das körperliche Gefühl der Anspannung und damit wiederum die Angst. Die Technik der progressiven Muskelentspannung sieht vor, dass man die großen Muskelgruppen spannt und wieder entspannt und dabei gleichzeitig auf die Empfindungen in allen Körperteilen achtet. Es gibt zehn große Muskelgruppen, und am besten ist es, jede davon zweimal anzuspannen und zu entspannen, ehe man zur nächsten Gruppe übergeht.[7] Wichtig dabei ist, dass die Muskeln immer erst angespannt und dann wieder entspannt werden, wobei die Entspannungsphase doppelt so lang sein sollte wie die Anspannungsphase. Diese von Jacobson entwickelte Methode zeigt, dass die von Entspannung gefolgte Anspannung eines Muskels dazu beiträgt, den betreffenden Körperteil noch tiefer zu lockern.[8]

Der körperliche Nutzen der progressiven Muskelentspannung liegt in einem verlangsamten Puls, einem niedrigeren Blutdruck und einer langsameren Atmung. Diese Strategie kann auch der im Körper aufsteigenden Angst effektiv entgegenwirken. Sobald jemand die Grundfolge aus Anspannung und Entspannung der Muskelgruppen beherrscht, kann er diese Übung mit einem Body-Scan verbinden.

Auch hier steht das Körperbewusstsein im Mittelpunkt, und der Body-Scan hilft, stärker auf die angespannten Bereiche einzugehen. Man schließt die Augen und beginnt entweder allein oder unter Anleitung eines anderen, seine Aufmerksamkeit auf die Zehen zu richten und sich langsam durch den Körper nach oben zu arbeiten, indem man sich nacheinander auf die einzelnen Bereiche konzentriert. Dabei fragt man sich im Geiste, ob man in diesem Teil des Körpers irgendeine Spannung oder ein Unbehagen empfindet, und benutzt sein Gewahrsein, um den angespannten Bereich zu entspannen.

Beide Strategien helfen uns, festzustellen, in welchen Muskeln wir Spannung speichern, um sie dann kontrolliert lösen zu können. Eine chronisch verspannte Muskulatur stört unsere Verdauung und raubt uns Energie. Wenn wir aufmerksam auf die Hinweise unseres Körpers achten, können wir bei Bedarf auf diese Strategien zurückgreifen und so für eine allmähliche Verringerung der Spannungen in unserem Körper sorgen.

Über die Konzentration

Mit der zweiten Beruhigungsübung, die wir »Konzentration und Achtsamkeit« genannt haben, helfen wir Kindern, Achtsamkeit als eine Möglichkeit zu erfahren, wie sie dem gegenwärtigen Augenblick ihre urteilsfreie Aufmerksamkeit schenken können. Jeder Mensch verfügt über diese Fähigkeit, aber sie lässt sich durch Übung verbessern und in den Alltag einbauen. Die Achtsamkeit ist eine Beruhigungstechnik und lehrt uns, unsere volle Aufmerksamkeit auf das zu konzentrieren, was wir gerade tun. Die Achtsamkeit lässt sich als eine Art Meditation praktizieren oder dazu nutzen, Alltagsaktivitäten wie dem Spazierengehen oder der Zubereitung einer Mahlzeit die volle Aufmerksamkeit zu schenken.

Wenn wir uns in Achtsamkeit üben und dabei still und ruhig sind, akzeptieren wir alle Gedanken, die in unserem Geist aufkommen. Wir nehmen sie einfach wahr, benennen sie und richten unsere Aufmerksamkeit anschließend wieder auf den Atem, der uns als Anker dient. Es ist hilfreich, die kommenden und gehenden Gedanken mit einfachen Worten wie zum Beispiel »hören«, »denken« oder »fühlen« zu benennen. Das zeigt uns, worauf unsere Aufmerksamkeit gerade gerichtet ist, und lässt uns anschließend zu unserem Atem zurückkehren. Die Hauptaufgabe achtsamen Gewahrseins ist es, die Konzentrationsfähigkeit zu erhöhen. Wir kritisieren uns nicht, wenn unsere Gedanken wandern, denn das ist vollkommen natürlich. Wir kehren einfach zu unserem Atem, dem Anker unserer Erfahrung, zurück. Die Achtsamkeit lässt sich wie jede andere Gewohnheit stärken – durch Übung!

Forschungen haben ergeben, dass die Achtsamkeitsmeditation und ihre Integration in den Alltag Stress abbaut, das Immunsystem stärkt und eine effektive Beruhigungsstrategie darstellt.[9] Am wichtigsten aber ist, dass die Achtsamkeit ein Gefühl der Gelassenheit fördert, das vom Alltagsstress verursachte hektische Denken verlangsamt und uns die nötige Energie und Strategien zur Verfügung stellt, damit wir uns den Herausforderungen unseres Lebens stellen können. Wir machen nur eine Sache gleichzeitig, konzentrieren uns, sind uns ihrer bewusst und lassen uns ganz und gar darauf ein. Das bringt uns wieder mit unserer Umwelt und mit uns selbst in Kontakt. Man kann die Achtsamkeit ganz ruhig und still üben, sie aber auch als eine Gewohnheit des Gewahrseins betrachten, der man sich regelmäßig im Alltag widmet. Das heißt, wir können jede beliebige Alltagsaufgabe – etwa das Zähneputzen, Anziehen und Essen – mit der im Rahmen unserer Achtsamkeitsübungen erlernten vollen Aufmerksamkeit und Hingabe angehen. Bei Kindern ist es sogar hilfreich, wenn sie zunächst Achtsamkeitserfahrungen im Alltag sammeln dürfen, ehe man zu Übungen übergeht, bei denen sie stillsitzen müssen.

Kapitel 3
Übungen für Kinder von 5 bis 7 Jahren

Besonderheiten in der Entwicklung der Kinder von 5 bis 7 Jahren

Kinder zwischen fünf und sieben Jahren begegnen ihrer Umwelt automatisch mit Neugier, Staunen und Freude. Demnach werden sie vermutlich positiv – interessiert und offen – auf die Vorstellung reagieren, etwas darüber zu lernen, wie sie den Geist zur Ruhe bringen und den Körper entspannen können. Ähnlich willkommen ist es ihnen, die Eltern eine Weile für sich allein zu haben, und sie genießen es, in ganz gewöhnliche gemeinsame Aktivitäten eingebunden zu werden. Diese besondere Zeit des ruhigen Beisammenseins kann Kindern helfen, ihre Gefühle und Gedanken zum Ausdruck zu bringen, und sie kann ihnen ein Gefühl von Wärme und Sicherheit geben. Wenn sie sich regelmäßig mit Ihnen austauschen, können 5- bis 7-Jährige allmählich jene Sorgen oder tiefgreifenden Fragen zur Sprache bringen, die man am besten in einer entspannten Atmosphäre erörtert.

Kinder dieses Alters können ihr Verständnis für das Bewusstsein möglicherweise noch nicht ohne weiteres in Worte fassen. Inzwischen weiß man jedoch, dass auch kleine Kinder durchaus in der Lage sind, die eigenen Gedanken von den Menschen und Dingen außerhalb ihrer selbst zu unterscheiden.[1] Da sich diese Fähigkeit bei ihnen noch in der Entwicklung befindet, mag Ihr Sprössling die theoretischen Grundlagen für die Beschäftigung mit der Entspannung verstehen oder auch nicht. Trotzdem wird er auf die im Rahmen der einzelnen Methoden präsentierten konkreten Übungen, Bilder und Spiele positiv reagieren – vor allem dann, wenn das Üben zu einem regelmäßigen Ritual und einer Gewohnheit wird. Zum Beispiel ist Ihr Kind möglicherweise nicht in der Lage, diese Techniken anzuwenden, wenn es aufgewühlt ist und Sie lediglich Anweisungen geben wie: »Du musst dich beruhigen.« Wenn Sie aber stattdessen sagen: »Möchtest du eine Pause machen und dir die Beruhigungs-CD anhören oder ein wenig mit deinem Atemfreund üben?«, würde das Kind aufgrund der häufigen Wiederholung dieses Rituals allmählich einen Zusammenhang zwischen dem gewonnenen Nutzen und sich selbst herstellen. Dann würde es vielleicht von sich aus vorschlagen, dass es eine Pause mit seinem Atemfreund braucht, wenn es aufgewühlt ist.

Das Gehirn eines Kleinkindes verändert sich mit den Erfahrungen, die es in seinem Umfeld macht. In diesem Alter entstehen ständig neue Nervenverbindungen (Synapsen), und wenn Kindern mit diesem Buch und dieser CD gut ausgewählte Möglichkeiten dafür geboten werden, wirkt sich das positiv auf die Entwicklung ihres Gehirns aus.

Was Sie über diese Altersgruppe wissen sollten

- Kinder dieses Alters finden durchaus die Worte, um sich bewusst zu machen, was sie denken und fühlen, wenn man ihnen die Gelegenheit dazu gibt. Zudem befinden sie sich auf einer neuen Stufe der Selbstwahrnehmung, die es ihnen erlaubt, sich selbst einzuschätzen.
- Für Kinder in diesem Entwicklungsstadium sind die Anerkennung durch die Eltern und die Identifikation mit ihnen von entscheidender Bedeutung – sie wollen so sein wie die wichtigsten Bezugs-

personen in ihrem Leben. Sie finden zu einem positiven Selbstwertgefühl, indem sie Neues lernen und es erfolgreich anwenden. Da Misserfolge Kinder unglücklich machen, muss man beim Erlernen dieser neuen Fähigkeiten langsam vorgehen, damit ihnen sowohl der Erfolg als auch Ihre Unterstützung und Ermutigung sicher sind.

- 5- bis 7-Jährige können eigene Bewältigungsstrategien für den Umgang mit belastenden Situationen zunächst in spielerischen Zusammenhängen entwickeln – indem sie vorgeben, Dinge zu tun, für die ihnen vielleicht noch die Fähigkeiten fehlen. Erwachsene können eine aktive, unterstützende Funktion bei der Gestaltung geeigneter spielerischer Möglichkeiten übernehmen, bei denen es darum geht, Neues zu erkunden, wie etwa bei den Übungen auf der beigefügten CD. Bei dieser Art von Spiel muss man sich die geistige Einstellung bewahren, dass es »keine richtige Antwort gibt«. Sie begeben sich mit Ihrem Kind auf eine Entdeckungsreise und sollten alle Reaktionen, Einsichten oder Neigungen, die dabei zutage treten, gelten lassen.
- Kinder mögen klare Anweisungen, wenn sie etwas Neues lernen – solange sie von ihren Eltern bestätigt und ermuntert werden. Kleine Kinder sind neugierig und fantasievoll, und deshalb gehen konkretes Denken und fantastische Vorstellungen manchmal Hand in Hand.
- In diesem Entwicklungsstadium können sich Kinder ungefähr zwanzig Minuten lang auf eine ruhige Beschäftigung konzentrieren. Es kommt also darauf an, dass Sie ihnen das Material immer wieder auf neue Weise präsentieren. Der Prozess ist wichtiger als das Ergebnis oder das Produkt, obwohl 5- bis 7-Jährige allmählich ein Gefühl für das Konzept von Ursache und Wirkung bekommen. Sie können zum Beispiel langsam begreifen, dass Stress gewisse Auswirkungen auf den Körper hat.

- Kinder dieses Alters lieben Gewohnheiten und Rituale. Verhaltenswiederholungen maximieren den Lernerfolg 5- bis 7-Jähriger. Wenn Sie die Übungen zu einem regelmäßigen Bestandteil Ihres Alltags und des Alltags Ihres Kindes machen, wird das seine Zustimmung finden.
- Kern dieser Erfahrung ist Ihre Beziehung zu Ihrem Kind. Ich wünsche Ihnen eine gute Reise!

✸ ÜBUNG

Progressive Muskelentspannung

Dies ist das erste Stück auf der CD.

Diese Übung wird Kinder mit der Vorstellung vertraut machen, dass sie regelmäßig eine Zeit des ruhigen Beisammenseins mit Ihnen verbringen werden. Das soll ihnen helfen, den Geist zur Ruhe zu bringen und den Körper zu entspannen. Sie werden vergleichen, wie sie sich im entspannten Zustand und wie sie sich unter Stress fühlen. Zum Abbau der in ihrem Körper gespeicherten Spannung werden sie zwei Techniken erlernen: die tiefe Bauchatmung und die progressive Muskelentspannung. Das Erlernen der Bauchatmung erleichtern Sie Ihrem Kind mit einem »Atemfreund« – einem kleinen Stofftier, das auf den Bauch gelegt wird. Nachdem Sie die geführte Übung auf der CD gemacht haben, bei der die Muskeln angespannt und wieder entspannt werden, können Sie die »Meditationstagebücher« einführen. Sie bieten Ihnen und Ihrem Kind regelmäßig die Möglichkeit, die eigenen Gefühle bezüglich Ihrer Erfahrungen künstlerisch, mit Worten oder auf andere Weise zu erkunden.

🔊 VOR DEM ANHÖREN DER CD

Sie brauchen
- ❏ Glocke, Klangschale oder Klangstab (siehe Liste der Übungsmaterialien im Anhang des Buches)
- ❏ Stofftier oder kleines, weiches Spielzeug (etwa so groß wie eine Kinderhand)
- ❏ Dieses Buch
- ❏ Einen CD-Spieler und die beigefügte CD
- ❏ Zwei Meditationstagebücher: eines für Sie und eines für Ihr Kind. (Sie können mit Papier, Stiften, Wachsmalkreiden und/oder bunten Filzstiften sowie Garn oder Bändern eigene Tagebücher basteln oder fertige Notizbücher kaufen.)
- ❏ Eine Zeit der Ruhe und einen friedlichen Ort, an dem Sie mit Ihrem Kind sitzen und sich gegebenenfalls auch problemlos hinlegen können

Benötigte Zeit: 30 Minuten

Vermittelte Vorstellungen und Fähigkeiten
Die Kinder werden:
- vergleichen, wie sich ihr Körper im ruhigen und im gestressten Zustand anfühlt;
- üben, ihn mithilfe der tiefen Bauchatmung zu entspannen;
- erleben, wie sie ihn durch das progressive Anspannen und Entspannen verschiedener Muskeln lockern können.

Bitte beachten Sie
- Die tiefe Bauchatmung ist eine der einfachsten und besten Möglichkeiten, Anspannung und aufgestauten Stress aufzulösen.
- Damit Spannungen durch das progressive Anspannen und Entspan-

nen der Muskeln gelöst werden können, muss die Anspannung in den betreffenden Körperteilen ein paar Sekunden lang gehalten werden. Anschließend sollten die angespannten Muskelpartien eher schnell als langsam wieder gelockert werden.

Vorbereitungen

- Erklären Sie Ihrem Kind zunächst, was Sie bei der Arbeit mit diesem Buch und dieser CD zusammen lernen werden. Sagen Sie zum Beispiel:

  > *Von jetzt an werden wir ein paarmal in der Woche eine ganz besondere Zeit in aller Ruhe miteinander verbringen. In dieser Zeit werden wir einige Dinge üben, die wir immer dann machen können, wenn wir das Gefühl haben, dass wir den Körper entspannen und uns beruhigen müssen.*

- Sagen Sie Ihrem Kind, dass Sie diese Zeit des ruhigen Beisammenseins mit einer Schweigeminute beginnen möchten. Dass Sie eine Glocke (Klangschale o.ä.) läuten und es bitten werden, dem Klang so lange zu lauschen, bis er vollständig verklungen ist. Bitten Sie Ihr Kind, die Hand zu heben, wenn es den Ton nicht mehr hören kann. Haben Sie Geduld mit ihm – vor allem dann, wenn es Stille nicht gewohnt ist. Es kann ein wenig dauern, bis es sich an die Möglichkeiten gewöhnt hat, die ihm die Stille bietet. Läuten Sie nun die Glocke, lauschen Sie dem Klang, und schweigen Sie gemeinsam etwa eine Minute.

- Erklären Sie Ihrem Kind, dass Sie ihm dabei helfen werden, herauszufinden, wie sich sein Körper anfühlt, wenn es sich über irgendetwas Sorgen macht oder aufregt, und wie groß der Unterschied ist, nachdem es sich wieder beruhigt hat. Die folgende Übung wurzelt in dem kreativen Spiel, mit dem sich die Kinder in diesem Alter allmählich ein Bild von der Welt machen. Beginnen Sie zum Beispiel mit den Worten:

> *Lass uns eine kleine Fantasiereise unternehmen und so tun, als würden wir den Gipfel eines hohen Berges erklimmen... Wir stehen auf und ziehen unsere Bergstiefel und Kletterhandschuhe an* [stehen Sie gemeinsam auf und ziehen Sie imaginäre Stiefel und Handschuhe an]. *In Ordnung, jetzt geht's los... Mir nach!* [Marschieren Sie langsam im Zimmer herum.]
>
> *O je! Jetzt sind wir in eine riesige Schlammpfütze gestolpert... Der Schlamm ist wirklich tief... Wir sinken bis zu den Knöcheln ein... Jeder Schritt ist eine Qual... Es fühlt sich an, als würden wir jeden Augenblick versinken... Du kannst die Füße kaum heben... Versuche, dich zu strecken und dich an einem der Äste über uns festzuhalten... ungefähr so.* [Machen Sie es Ihrem Kind vor, greifen Sie nach oben, ballen Sie die Hand zu einer festen Faust und ziehen Sie sich an einem imaginären Ast hoch.] *Nicht aufgeben... Puh! Geschafft! Jetzt setzen wir uns erst mal hin und machen eine Pause.*

- Überlegen Sie gemeinsam, wie sich das angefühlt hat:

> *Wie fühlen sich deine Beine nach diesem Marsch durch den Schlamm an?*
>
> *Wie war das für deine Arme, als du nach dem Ast gegriffen und dich daran hochgezogen hast?*

> *Ist dir aufgefallen, wie du geatmet hast und wie dein Herz geschlagen hat? Lass uns gleich die Hand auf die Brust legen und unseren Herzschlag spüren.*
>
> *Manchmal können wir Veränderungen im Körper feststellen, wenn wir wütend oder besorgt sind oder uns mächtig angestrengt haben... Dann fühlen sich unsere Hände ganz anders an. Sie werden kalt und feucht... Möglicherweise schlägt dann auch unser Herz schneller... Sogar unsere Atmung kann sich verändern. Unter Umständen merken wir, dass wir schnell und kurz atmen oder sogar die Luft anhalten...*

Gehen Sie auch auf alle anderen körperlichen Empfindungen ein, die Sie oder Ihr Kind gespürt haben.
- Geben Sie Ihrem Kind nun Gelegenheit, zu erkunden, wie sich sein Körper anfühlt, wenn es ruhig ist:

> *Ich möchte, dass wir in unserer Vorstellung da weitermachen, wo wir gerade waren. Lass uns weitergehen.* [Gehen Sie gemeinsam ein paar langsame Schritte und bleiben Sie dann wieder stehen.] *Stellen wir uns nun vor, dass wir auf unserer Wanderung an einen Strand kommen. Es ist ein warmer Sommernachmittag. Wir legen uns hin, machen es uns bequem und spüren den kühlen Sand unter unserem Rücken.* [Legen Sie sich hin.] *Kannst du die Wellen hören – eine... und die nächste...? Spürst du, wie du dich entspannst und in den Sand sinkst?... Genieße es einfach, deinem Körper hier*

> *ein wenig Ruhe zu gönnen…* [Machen Sie etwa zehn Sekunden Pause.] *Wunderbar… Setz dich nun langsam wieder auf und frage dich: Wie fühlen sich meine Beine jetzt an? Was ist mit meinen Armen und meinen Händen? Was ist mit meiner Atmung und meinem Herzschlag?*
>
> *Es kann sein, dass sich unsere Hände jetzt warm anfühlen. Möglicherweise atmen wir langsamer und tiefer. Sind unsere Beine und unsere Arme entspannt? Vielleicht schlägt auch unser Herz langsamer.*

Gehen Sie auch auf alle anderen körperlichen Empfindungen ein, die Sie oder Ihr Kind gespürt haben.
- Erklären Sie, dass Sie in dieser Zeit des ruhigen Beisammenseins einige Möglichkeiten kennenlernen werden, wie man sich bei Bedarf selbst beruhigen kann.

Führen Sie die Bauchatmung ein
- Erklären Sie Ihrem Kind, wie wichtig es ist, sich der Atmung bewusst zu sein, wenn man lernen möchte, trotz der Aufregung den Geist zur Ruhe zu bringen und den Körper zu entspannen:

> *Eine der Möglichkeiten, sich zu entspannen, ist es, tief durchzuatmen.*

- Bitten Sie Ihr Kind, sich bequem auf den Boden zu legen, sich immer mehr auf seinen Atem zu konzentrieren und darauf zu achten, wo es die ein- und ausströmende Luft spürt. Legen Sie ein weiches Spielzeug (ungefähr so groß wie eine Kinderhand) auf seinen Bauch, damit es sehen kann, welcher Teil seines Körpers sich beim

Einatmen hebt. Sie können dieses Spielzeug zu seinem »Atemfreund« (oder seiner »Atemfreundin«) erklären. Eine tiefe Atmung erkennen wir daran, dass sich nicht nur unsere Brust, sondern auch unser Bauch hebt und senkt. Sagen Sie:

> *Atme tief ein, und achte darauf, wohin dein Atem fließt. Hebt sich deine Brust? Hebt sich irgendein anderer Teil deines Körpers? Atme nun wieder aus. Welcher Teil deines Körpers bewegt sich?*
>
> *Wenn wir richtig tief atmen, hebt sich nicht nur unsere Brust, sondern auch unser Bauch. Lass uns das Spielzeug beobachten und sehen, ob wir bis hinunter in den Bauch atmen können. Schaffst du es, dass sich dein Atemfreund beim Einatmen hebt und beim Ausatmen wieder senkt?*
>
> *Atme nun ein, während ich bis vier zähle: 1, 2, 3, 4. Und wieder aus: 1, 2, 3, 4.*

Wiederholen Sie die Übung noch einige Male, bis sich das Spielzeug auf dem Bauch Ihres Kindes beim Einatmen hebt und beim Ausatmen senkt. Falls es ihm noch immer nicht gelingt, tief in den Bauch zu atmen, können Sie Ihre Hand leicht auf das Spielzeug legen, um ihm zu helfen.
- Erklären Sie Ihrem Kind die Zusammenhänge – je mehr Luft wir einatmen, desto besser ist es für unseren Körper. Das gilt auch für die ausgeatmete Luft. Es ist gut für unseren Körper, wenn wir tief durchatmen und genug Luft aufnehmen und wieder abgeben. Das hilft ihm, besser zu funktionieren. Es ist genau wie mit der Nahrung, die wir unserem Körper geben, damit er gesund bleibt.

🎧 ÜBEN MIT DER CD

(Legen Sie die CD ein und stellen Sie den CD-Spieler auf die erste Übung »Entspannung für Kinder von 5 bis 7 Jahren« ein.)

- Bitten Sie Ihr Kind, sich nun langsam aufzusetzen. Bereiten Sie es darauf vor, dass Sie nun eine CD anhören werden, die Sie beide durch eine Erfahrung körperlicher Entspannung führen wird. Sagen Sie:

> *In unserer besonderen Zeit des ruhigen Beisammenseins werden wir auch immer etwas von dieser CD hören. Das wird uns helfen, uns zu entspannen. Du wirst merken, dass sich dein Körper entspannt und sich dein Geist sammelt.*
>
> *Vielleicht stellst du fest, dass du ganz ruhig wirst. Das, was wir heute lernen, können wir auch auf andere Situationen übertragen, in denen wir aufgewühlt oder ängstlich sind. Je mehr wir üben, desto leichter wird es uns fallen, uns bei Bedarf zu beruhigen und zu entspannen. Bist du bereit? Ich werde die Übung mit dir machen.*
>
> *Legen wir uns auf den Boden. Die Frau auf der CD – sie heißt Sonngard Dressler – wird uns bitten, uns nach und nach der verschiedenen Körperteile bewusst zu werden. Zunächst werden wir die einzelnen Gliedmaßen ganz fest anspannen und die Spannung ein wenig halten. Anschließend lösen wir sie ganz schnell wieder.*

Zeigen Sie Ihrem Kind, was Sie meinen, indem Sie eine Hand zur Faust ballen und bis fünf zählen, sie anschließend schnell wieder entspannen und bis zehn zählen.
- Machen Sie es sich auf dem Boden bequem, und legen Sie den Atemfreund Ihres Kindes griffbereit.
- Spielen Sie die erste Übung auf der CD ab.

Progressive Muskelentspannung
Für Kinder von 5 bis 7 Jahren; Spielzeit 9:41 Minuten
Hier der Text der CD:

> *Herzlich willkommen zu dieser ganz besonderen Zeit des ruhigen Beisammenseins. Wir werden lernen, uns zu entspannen, und wir werden feststellen, wie sich die einzelnen Teile unseres Körpers anfühlen, wenn wir entspannt sind: unser Kopf, unsere Schultern, unsere Arme und Hände, unser Bauch, unsere Beine – bis hinunter zu den Zehenspitzen.*
>
> *Mach es dir auf dem Boden bequem: Leg dich auf den Rücken, die Arme liegen neben dem Körper. Leg deinen Atemfreund auf den Bauch – das kann jedes beliebige Spielzeug von der Größe deiner Hand sein. Er erinnert dich daran, so einzuatmen, dass dein Bauch immer dicker wird.*
>
> *Strecke oder schüttle dich ein wenig, falls das nötig ist, und mach es dir so richtig bequem. Entspann dich allmählich ganz und gar... und schließ die Augen.*
>
> *Atme tief in deinen Bauch, und spüre, wie er allmählich so rund wird wie ein Luftballon. Atme*

ein... ein... ein... ein... Und lass die Luft dann langsam ausströmen: 1, 2, 3, 4.

Atme noch einmal tief in deinen Bauch. Spüre, dass er immer größer wird und dein Atemfreund sich hebt: 1, 2, 3, 4 ... und aus: 1, 2, 3, 4.

Stell dir nun vor, du hättest kleine Lehmklumpen in beiden Händen ... Drück die Klumpen mit den Händen zusammen ... Mach zwei feste Fäuste ... Drücken ... drücken ... drücken ... so fest du kannst. Und loslassen ... Lass den Lehm einfach fallen ... Spüre, wie sich deine Arme entspannen ... Entspann deine Hände ... Entspann deine Finger ... Entspann deine Arme ... entspann sie ganz und gar, während ich bis 5 zähle: 1, 2, 3, 4, 5.

Gut ... Deine Hände und Arme sind entspannt.

Zieh nun die Schulter bis zu den Ohren hoch ... Zieh sie nach oben ... so fest du kannst ... Noch ein kleines Stück ... Lass nun wieder los und entspanne die Schultern ... Lass sie wieder nach unten sinken ... Entspann sie ganz und gar ... während ich bis 5 zähle: 1, 2, 3, 4, 5 ... Großartig ... Deine Schultern sind entspannt.

Kneif nun fest die Augen zusammen ... wie du es tust, wenn die Sonne zu hell ist, aber noch fester ... Öffne den Mund, so weit du kannst ... als wolltest du ein ganz großes Stück abbeißen, und streck die Zunge heraus ... Halten ... halten ... halten ... Lass nun los und entspann dein ganzes Gesicht ... Entspann das ganze Gesicht, und ruh dich aus, während ich bis 5 zähle: 1, 2, 3, 4 ... 5. Dein Gesicht ist entspannt, und die Augen bleiben zu.

Versuche nun, den Bauch so fest einzuziehen, wie du kannst... und umarme dich selbst... Umarme deine ganze Körpermitte, so fest du kannst... Halten... halten... halten... Entspannen... Lass den Bauch wieder weich werden... Entspann deine Brust, und lass die Arme auf den Boden fallen, während ich bis 5 zähle: 1, 2, 3, 4, 5... Gut... Dein Bauch und deine Brust sind entspannt.

Spann nun deine Beine und deine Füße an. Mach sie ganz steif, und roll alle zehn Zehen ein... Spann deine Beine an... Lass los, und entspanne dich... spüre, wie deine Beine und deine Füße auf dem Boden ruhen... während ich bis 5 zähle: 1, 2, 3, 4, 5. Deine Füße und deine Beine sind entspannt.

Und nun ein letztes Mal... Spann deinen ganzen Körper an... Spann deine Hände an... deine Arme... deine Schultern... dein Gesicht... deinen Bauch... deine Brust... deine Beine... deine Füße... Spann alles an, und mach deinen Körper so steif du kannst... und nun... lass los. Entspann deinen ganzen Körper, während du daliegst und das Gefühl hast, mit dem Boden zu verschmelzen.

Atme tief in deinen Bauch... und wieder aus... Noch einmal ein... und aus... Und ein letztes Mal allein... Du kannst hören, wie dein Atem dich entspannt.

Nimm dir nun ein wenig Zeit, und prüfe, ob noch irgendein Teil deines Körpers angespannt ist oder sich unbehaglich anfühlt... Überprüfe deinen

Körper und frage dich ... sind meine Füße entspannt? Fühlen sich meine Beine locker an? Was ist mit meinen Armen? Lass dir Zeit, damit du spüren kannst, wie sich dein Körper anfühlt ... von den Zehenspitzen bis hinauf zum höchsten Punkt deines Kopfes. Achte darauf, wie sich dein Körper jetzt im Moment anfühlt.

Öffne nun langsam die Augen. Wackle mit den Zehen und mit den Fingern. Streck dich, und setze dich langsam wieder auf. Spüre, wie entspannt dein Körper ist. Wunderbar! Gerade hast du gelernt, wie du deinem Körper helfen kannst, sich ruhig und entspannt zu fühlen – und natürlich kannst du diese Übung jederzeit wiederholen.

Danke, dass du das mit mir ausprobiert hast.

NACH DEM ANHÖREN DER CD

Das weitere Vorgehen
- Helfen Sie Ihrem Kind, die bei der progressiven Muskelentspannung gemachten Erfahrungen zu erkunden und darüber nachzudenken:

Wie fühlst du dich gerade? Wie fühlen sich deine Arme an? Deine Beine? Komm, wir legen unsere Hände auf Brust und Bauch und spüren unseren Atem. Wie fühlt sich das an? Welche Körperteile konntest du mühelos entspannen? Bei welchen ist es dir schwergefallen?

- Stellen Sie das »Meditationstagebuch« vor, in das Sie von nun an regelmäßig zeichnen oder schreiben werden. Es soll in dieser Zeit des ruhigen Beisammenseins als Möglichkeit zum Nachdenken dienen. Sagen Sie zum Beispiel:

> *Damit wir uns später an das erinnern, was wir heute gemacht haben, können wir Tagebuch führen und unsere gemeinsamen Erfahrungen in diese Büchlein malen oder schreiben. So können wir jedes Mal festhalten, was beim Ausprobieren der Übungen passiert ist. Wir können unsere Tagebücher ganz nach Belieben verzieren. Für heute habe ich mir überlegt, dass wir ein Bild von unserem entspannten Körper malen könnten. Überleg dir, welche Farben dich an dieses ruhige und friedliche Gefühl erinnern. An welche Farben denkst du dabei?*

Vielleicht möchten Sie dazu eine ruhige, leise Hintergrundmusik auflegen.
- Wenn Sie und Ihr Kind fertig sind, bitten Sie es, Ihnen seine Zeichnung zu zeigen. Sagen Sie ihm auch, dass es nun über jedes beliebige Thema mit Ihnen reden kann. Zeigen auch Sie Ihre Zeichnung.
- Kündigen Sie an, dass Sie versuchen werden, ein paarmal die Woche und später vielleicht sogar noch häufiger eine solche besondere Zeit mit Ihrem Kind zu verbringen:

> *Jedes Mal, wenn wir uns zum Üben hinsetzen, werden wir erst einmal etwas anderes zusammen machen. Wir zeichnen oder lesen eine Geschichte oder tun so, als würden wir ein kleines Erlebnis durchspielen. Dann hören wir uns die CD an. Anschlie-*

ßend sprechen wir über das, was wir dabei erlebt haben, und zeichnen oder schreiben etwas in unsere Tagebücher.

- Erklären Sie zum Schluss, dass Sie diese besondere gemeinsame Zeit ebenso beschließen werden, wie Sie sie begonnen haben – indem Sie mit einer Glocke (o.ä.) eine Schweigeminute einläuten. Bitten Sie Ihr Kind, die Hand zu heben, wenn es die Glocke nicht mehr hören kann.
- Läuten Sie die Glocke.

Üben im Alltag

- Erinnern Sie sich an Leitlinie 5: Bauen Sie Rituale und neue Gewohnheiten in Ihren Familienalltag ein (siehe Kapitel 2), um das in den Übungen Erlernte noch stärker zu festigen und zu integrieren. An Ihrem friedlichen Platz könnte nun auch die Begleit-CD liegen, damit Ihre Kinder selbständig damit üben können, wenn sie ein wenig Ruhe brauchen.
- Die Zeit vor dem Schlafengehen eignet sich wunderbar, um Atemübungen zu machen und so den Stress des Tages abzubauen. Wenn Sie sich neben Ihr Kind legen, können Sie Ihre Atmung an die seine angleichen und leise die Belastungen des Tages benennen, die Sie loslassen möchten. Beim Verlassen des Zimmers können Sie die Bauchatmung üben, indem Ihr Kind für diesen Tag »das Licht ausbläst«. Bitten Sie es einfach, seinen Atemfreund auf seinen Bauch zu legen, tief einzuatmen und dabei stumm bis vier zu zählen. Bitten Sie es dann, seinen Atem auf den Lichtschalter zu richten, während es beim Ausatmen ebenfalls bis vier zählt. Sobald Ihr Kind ganz ausgeatmet hat, schalten Sie das Licht aus.
- Nutzen Sie die Bauchatmung oder die progressive Muskelentspannung, um Ihrem Kind zu helfen, wenn Sie oder es selbst merken,

dass es aufgewühlt oder wütend ist. Bitten Sie es, ein paarmal tief durchzuatmen, und/oder üben Sie das Anspannen und Entspannen der einzelnen Körperteile.

📖 ZEIT FÜR GESCHICHTEN

Nutzen Sie diese Zeit dazu, das Buch *Wie Hasenherz die Angst besiegte* von Mathilde Stein (mit Bildern von Mies van Hout) zu lesen. Es handelt von einem kleinen Jungen namens Hasenherz, der sich vor dem Gespenst unter seinem Bett und vielen anderen Dingen fürchtet. Als er in den Gelben Seiten unter »Hilfe für Hasenherzen« nachsieht, steht dort: »Zauberbaum. Hilfe garantiert. Termin nur nach Vereinbarung.« Am nächsten Morgen macht er sich auf zum Zauberbaum. Es ist ein langer und gefährlicher Weg durch den dunklen Wald, vorbei an einem furchterregenden Drachen, einer riesigen Spinne, die ihn fressen, und einer Hexe, die ihn verzaubern will. Doch Hasenherz lässt sich nicht beirren. Mutig geht er seinen Weg. Beim Zauberbaum angekommen, erkennt er, dass er dessen Hilfe gar nicht mehr benötigt. Voller Freude macht er sich auf den Heimweg, denn er weiß: In Zukunft wird er vor nichts und niemandem mehr Angst haben.

> Beginnen Sie mit den Worten: *Sehen wir uns einmal an, wovor der kleine Junge in diesem Buch Angst hat. Anschließend überlegen wir, ob diese Dinge auch dir Angst machen.*

Lesen Sie das Buch. Fragen Sie von Zeit zu Zeit nach, ob Ihr Kind die Dinge, um die es in der Geschichte gerade geht, auch schon selbst erlebt hat oder davon aus der Fassung gebracht wurde.

Sprechen Sie nach der Lektüre über folgende Themen:

Wovor fürchtete sich der Junge im Buch? Welche dieser Dinge ängstigen auch dich? Gibt es noch etwas? Was passiert in deinem Körper, wenn du dich fürchtest? [Erinnern Sie Ihr Kind an einige Dinge, über die Sie in Ihrer Zeit des ruhigen Beisammenseins gesprochen haben.]
Was tut der Junge, um seine Angst zu überwinden? Was tust du, wenn du Angst hast? Was könntest du tun, um keine Angst mehr zu haben? Haben wir in unserer Zeit des ruhigen Beisammenseins etwas gelernt, das uns in einer solchen Situation helfen könnte?

Ein weiteres sehr schönes Buch zum gemeinsamen Lesen und Ansehen ist *Die große Frage* von dem bekannten Kinderbuchillustrator Wolf Erlbruch. Darin heißt es: »Zum Schnurren bist du auf der Welt«, erklärt die Katze. »Um die Wolken zu küssen«, meint der Pilot. »Um Geduld zu haben«, findet der Gärtner. So wird großen und kleinen Lesern vor Augen geführt, dass es auf die Frage aller Fragen nur sehr persönliche Antworten geben kann. Und dass wir vielleicht deshalb auf der Welt sind, um herauszufinden, warum wir eigentlich auf der Welt sind. Am Ende des Bilderbuchs gibt es zwei leere Seiten – wo jeder seine Antworten auf die große Frage eintragen kann. Überlegen Sie gemeinsam, welche besondere Aufgabe jeder von Ihnen beiden im Leben haben könnte. Das gibt Ihnen auch die Gelegenheit, zu sagen, was Sie für das Besondere an Ihrem Kind halten.

✳ ÜBUNG

Konzentration und Achtsamkeit

Dies ist das zweite Stück auf der CD.

In dieser Übung lernen die Kinder die Praxis der Achtsamkeit kennen, die den Atem in den Mittelpunkt rückt und so den Geist beruhigt und die Aufmerksamkeit sammelt. Achtsamkeit ist eine Möglichkeit, sich urteilsfrei auf den gegenwärtigen Augenblick zu konzentrieren. Die Kinder werden ihre volle Aufmerksamkeit auf einfache Alltagsbeschäftigungen richten und sich zum Beispiel bei dem Spiel »Ich sehe was, was du nicht siehst« ihre Umgebung ansehen und auch tatsächlich wahrnehmen. Sie werden langsam und bewusst eine Rosine essen und im Rahmen der geführten Achtsamkeitsmeditation auf der CD aufmerksam den Geräuschen in ihrer Umgebung lauschen. Im Spiel mit der Rätselkiste geben Sie Ihrem Kind die Chance, auch seinen Tastsinn achtsam einzusetzen, und Sie werden weitere Möglichkeiten erforschen, die Achtsamkeit in den Alltag des Kindes einzubauen.

💿 VOR DEM ANHÖREN DER CD

Sie brauchen
- ❏ Glocke, Klangschale oder Klangstab
- ❏ Vier oder fünf bekannte Gegenstände für das Spiel »Ich sehe was, was du nicht siehst«, die Sie dort verteilen, wo Sie die Übungen machen werden. (Sie können jeden beliebigen Gegenstand verwenden, solange Sie ihn so beschreiben können, dass Ihr Kind versteht, was gemeint ist.)
- ❏ Pro Person zwei Rosinen und Pappteller oder Servietten. (Falls

Übungen für Kinder von 5 bis 7 Jahren

Ihr Kind keine Rosinen essen darf oder sie nicht mag, verwenden Sie andere Beeren oder Trauben.)
- Eine »Rätselkiste« – das ist eine Schuhschachtel oder eine andere Kiste mit einem Loch, das groß genug für eine Hand, aber nicht so groß ist, dass man die Gegenstände darin erkennen kann. (Legen Sie ein paar Dinge in die Box, die interessant anzufassen sind, etwa eine Traube, einen Knopf, einen Schnürsenkel, ein Wattebällchen, einen Schwamm, einen kleinen Gummiball, eine Gurkenscheibe usw.)
- Zwei »Meditationstagebücher«, Buntstifte, Wachsmalkreiden oder Filzstifte
- Dieses Buch
- Einen CD-Spieler und die beigefügte CD

Benötigte Zeit: 30 Minuten

Vermittelte Vorstellungen und Fähigkeiten

Die Kinder werden:
- definieren, was »Achtsamkeit« bedeutet – dass man sich dessen bewusst ist, was vor sich geht, während es geschieht;
- üben, ihren Geist zur Ruhe zu bringen, indem sie den Atem als Anker verwenden;
- lernen, sich verschiedener Sinne zu bedienen, um ihre Aufmerksamkeit auf das Gewahrsein des Augenblicks zu richten.

Bitte beachten Sie
- Die Gedanken, Gefühle und Empfindungen, die bei einer Achtsamkeitsübung aufkommen, werden nicht als Störungen oder Ablenkungen betrachtet. Sie werden urteilsfrei willkommen geheißen und zu einem Teil der Erfahrung.
- Kinder können lernen, den Atem zu ihrem Anker zu machen. Ihre

Gedanken treiben manchmal umher wie Schiffe auf dem Meer, und dennoch können Kinder stets zum Gewahrsein ihres Atems zurückkehren, um ihre Aufmerksamkeit wieder dem gegenwärtigen Augenblick zuzuwenden.
- Bei der Achtsamkeitsübung ist es hilfreich, die kommenden und gehenden Gedanken mit einfachen Worten wie »hören«, »denken« oder »fühlen« zu beschreiben. Dies hilft den Kindern, festzustellen, worauf ihre Aufmerksamkeit gerade gerichtet ist, damit sie anschließend zu ihrem Atem zurückkehren können.
- Die Achtsamkeit lässt sich als eine Form der Meditation üben und als gewohnheitsmäßiges Gewahrsein im Alltag pflegen. Demnach können wir uns jeder alltäglichen Aufgabe – zum Beispiel dem Zähneputzen, Anziehen und Essen – mit jener vollen Aufmerksamkeit und Ernsthaftigkeit widmen, die wir in der Achtsamkeitsmeditation üben.

Vorbereitungen
- Erinnern Sie Ihr Kind daran, dass Sie jede Übungszeit mit einer Schweigeminute beginnen werden. Kündigen Sie an, dass Sie nun die Glocke anschlagen werden. Bitten Sie Ihr Kind, die Hand zu heben, wenn es den Ton nicht mehr hören kann. Läuten Sie die Glocke, lauschen Sie dem Klang, und schweigen Sie gemeinsam etwa eine Minute.
- Sie werden Ihr Kind nun durch »achtsames Sehen« an das Konzept der Achtsamkeit heranführen. Erklären Sie, dass ihm die nächste Übung helfen wird, seine Gedanken zur Ruhe zu bringen, und dass wir uns besser konzentrieren und aufpassen können, wenn wir ruhig sind. Beginnen Sie diese Übung mit folgenden Worten:

Erinnerst du dich noch an unsere letzte Zeit des ruhigen Beisammenseins? Beim letzten Mal haben wir gelernt, den Körper zu entspannen. Was hat dir daran am besten gefallen? Heute werden wir ein paar Dinge tun, die unseren Geist zur Ruhe bringen und uns helfen, besser aufzupassen. Wir werden uns mit der sogenannten »Achtsamkeit« beschäftigen. Das hört sich jetzt wie ein großes Wort an. Es bedeutet aber nur, dass du weißt, was du in diesem Augenblick fühlst oder denkst, und dass du auf das achtest, was du tust, während du es tust.

Ich sehe was, was du nicht siehst

- Erklären Sie Ihrem Kind das Spiel »Ich sehe was, was du nicht siehst«, falls es das Spiel noch nicht kennt. Es ist ein Ratespiel, bei dem Sie einen Gegenstand in Ihrer näheren Umgebung beschreiben und das Kind erraten muss, was Sie meinen.

Lass uns das Spiel »Ich sehe was, was du nicht siehst« spielen. Kennst du es schon? Bei diesem Spiel kannst du ausprobieren, wie es ist, achtsam zu sehen. Ich werde dir nun beschreiben, was für einen Gegenstand ich sehe, und du wirst versuchen, ihn zu erraten. Ich fange an.

- Beginnen Sie mit einem Beispiel. Wählen Sie einen Gegenstand, zum Beispiel einen Ball, der für das Kind gut sichtbar im Zimmer liegt. Beschreiben Sie ihn:

Ich sehe was, was du nicht siehst … und das ist blau und rund.

Beschreiben Sie den Gegenstand genauer, falls das nötig ist, und sagen Sie zum Beispiel: »Es ist ungefähr so groß wie deine Faust. Es hüpft manchmal auf und ab«, und so weiter, bis Ihr Kind errät, was Sie sehen.
- Erklären Sie, dass es bei diesem Spiel nicht ums Gewinnen oder Verlieren geht. Man soll sich vielmehr der Dinge im Zimmer bewusst werden und sich die eigene Umgebung ganz genau ansehen. Spielen Sie ein paar Runden. Zuerst beschreiben Sie einen Gegenstand und lassen Ihr Kind raten. Anschließend darf Ihr Kind einen Gegenstand beschreiben, und Sie sind mit dem Raten an der Reihe.
- Fragen Sie Ihr Kind, was es von dem Spiel hält:

   Wie hat dir das Spiel gefallen? Hast du irgendetwas im Zimmer entdeckt, das dir vorher nicht aufgefallen ist? Wenn ja, was?

- Erklären Sie, dass Sie mit diesem Spiel das achtsame Sehen geübt haben.

Achtsam eine Rosine essen
- Kündigen Sie an, dass Sie gemeinsam etwas machen werden, was man jeden Tag tut – genau wie das Sehen. Sie werden achtsam *essen*. Legen Sie je zwei Rosinen für sich und Ihr Kind auf einen Pappteller oder eine Serviette.
- Bitten Sie Ihr Kind, eine davon zu essen, ehe Sie fortfahren. Sagen Sie:

   Ich habe hier diese Rosinen, und ich möchte, dass du eine davon probierst, ehe wir mit der Übung beginnen.

- Essen Sie gemeinsam jeder eine Rosine. Bitten Sie Ihr Kind dann, der zweiten Rosine seine ganze Aufmerksamkeit zu schenken. Fordern Sie es auf, seine Rosine eine Weile lang äußerst sorgfältig zu betrachten und sie dann in die Hand zu nehmen (erklären Sie ihm aber auch, dass es sie noch nicht in den Mund stecken darf). Bitten Sie es, die Rosine mit Worten zu beschreiben:

  > *Mit welchen Worten lässt sich deine Rosine beschreiben? Welche Farbe hat sie? Wie groß ist sie? Ist sie weich oder hart? Was fällt dir noch auf?*

- Bitten Sie Ihr Kind nun, die Rosine zu essen. Sagen Sie:

  > *Jetzt wollen wir unsere Rosinen in den Mund stecken. Wir werden sie ein wenig im Mund lassen und dürfen erst anfangen zu kauen, wenn ich mit den Fingern von eins bis fünf gezählt habe. Betaste die Rosine mit deiner Zunge. Fertig? 1, 2, 3, 4, 5. Fang nun langsam an zu kauen, während ich wieder bis fünf zähle. Noch nicht schlucken. Frage dich: »Wie schmeckt das?« Warte, bis ich bis fünf gezählt habe: 1, 2, 3, 4, 5. Nun darfst du die Rosine schlucken.*

Während auch Sie Ihre Rosine langsam essen, zählen Sie einfach mit den Fingern von eins bis fünf.

- Fragen Sie:

  > *Wie war das? Was ist dabei passiert? Was ist dir aufgefallen? War es schwierig oder einfach? Warum?*

Teilen auch Sie Ihre Einsichten mit.

ÜBEN MIT DER CD

(Legen Sie die CD ein, und stellen Sie den CD-Spieler auf die zweite Übung »Konzentration für Kinder von 5 bis 7 Jahren« ein.)

- Kündigen Sie die Übung »Konzentration und Achtsamkeit« an.

Bis jetzt haben wir unsere Augen benutzt und bei dem Spiel »Ich sehe was, was du nicht siehst« die Dinge in unserer Umgebung eingehend betrachtet und ihnen unsere Beachtung geschenkt. Dann haben wir mit dem Mund die Rosine wirklich geschmeckt und uns voll auf das Essen konzentriert. Nun werden wir ein Stück auf der CD anhören, auf der uns Frau Dressler – die nette Frau, die du schon kennst – wieder durch eine Übung führen wird, mit der wir unseren Geist zur Ruhe bringen und unseren Körper entspannen können. Dieses Mal müssen wir die Ohren spitzen und den Dingen lauschen, die uns auffallen, wenn wir konzentriert zuhören. Bist du bereit? Wir müssen uns dazu auf unsere Stühle setzen. Die Füße stehen auf dem Boden, die Hände liegen auf den Schenkeln. Denk daran, dass Frau Dressler uns daran erinnern wird, tief in unseren Bauch zu atmen. Los geht's.

- Spielen Sie die zweite Übung auf der CD ab.

Konzentration und Achtsamkeit
Für Kinder von 5 bis 7 Jahren; Spielzeit 8:38 Minuten
Hier der Text der CD:

Lasst uns eine ganz besondere Zeit des ruhigen Beisammenseins miteinander verbringen. Wir werden nun aufmerksam wahrnehmen, was in jedem einzelnen Augenblick geschieht – das gilt vor allem für die Geräusche. Setz dich bequem auf deinen Stuhl… die Füße stehen auf dem Boden… die Hände ruhen in deinem Schoß… und dein Kopf ist ganz gerade, als würde er sanft von einem über dir schwebenden Luftballon gehalten. Fertig? Atme tief ein, damit die Luft in deinen Bauch strömt… Einatmen 1, 2, 3, 4… und langsam wieder aus 1, 2, 3, 4… Und wieder ein 1, 2, 3, 4… und aus… 1, 2, 3, 4. Gut.

Schließ nun locker die Augen, und atme noch einmal tief in den Bauch… und wieder aus… Lausche meiner Stimme, während wir uns auf eine Reise ins Land der Fantasie begeben. Wir werden uns in Achtsamkeit üben und dazu unsere gesamte Aufmerksamkeit auf das richten, was wir hören.

Wir beginnen damit, dass du dem Klang der Glocke lauschst und darauf achtest, wie lange du den Ton hören kannst…

[Eine Glocke erklingt.]

Atme noch einmal ein… und aus… ein… und aus…

Während du ruhig dasitzt, nimmst du vielleicht auch noch andere Geräusche wahr. Wenn du etwas Neues hörst, benennst du es einfach im Stillen. Sage dir im Kopf, was du zu hören glaubst. Beginnen wir mit dem Einatmen… und aus… ein… und aus…

[Stille. Vogelgezwitscher. Stille.]

Wenn du das Geräusch hörst, sagst du dir einfach im Geiste vor, was es ist... [Vogelgezwitscher. Stille.]

Sage still zu dir: »Vogel«... und wenn du den Laut noch einmal hörst, sagst du dir einfach immer wieder: »Vogel... Vogel...«

[Vogelgezwitscher. Stille. Der Vogel zwitschert noch einmal. Stille. Erneutes Vogelgezwitscher.]

Achte darauf, wie dein Atem einströmt... und ausströmt... ein... und aus... Ich glaube, wir können uns nun auch noch ein paar andere Geräusche achtsam anhören. Denk daran, während du auf ein Geräusch wartet, musst du immer weiter einatmen... und ausatmen. Und wenn du etwas hörst, benennst du es im Stillen, falls du es erkennst.

[Stille. Langsame Wassertropfen.]

Denk daran, das Geräusch jedes Mal mit dem Wort »Wasser« zu benennen, wenn du es hörst.

[Stille. Langsame Wassertropfen.]

Und einatmen... und aus... und ein... und aus... Versuche, noch ein paar anderen Geräuschen zu lauschen, bevor wir diese Übung abschließen... Vergiss nicht, die Geräusche im Stillen zu benennen, wenn du glaubst, sie erkannt zu haben.

[Vier langsame Trommelschläge.]

[Lange Stille. Das Miauen einer Katze. Stille. Miau. Stille. Miau. Stille. Miau. Stille.]

Zum Abschluss der Übung lauschen wir nun noch ein letztes Mal achtsam der Glocke.

[Stille. Eine Glocke erklingt.]

Danke, dass du das mit mir ausprobiert hast.

💿 NACH DEM ANHÖREN DER CD

Das weitere Vorgehen
- Helfen Sie Ihrem Kind, die während der Achtsamkeitsübung gemachten Erfahrungen zu erforschen und darüber nachzudenken:

   Nenn mir ein paar von den Geräuschen, die du erkannt hast. Waren sie leicht oder schwer zu erraten? Ist dir die Zeit kurz vorgekommen? Oder lang? Wie fühlst du dich jetzt?

   Fassen Sie die Kommentare und Einsichten zusammen.

Die Rätselkiste
- Stellen Sie die »Rätselkiste« vor. Legen Sie eine mit interessant anzufassenden Alltagsgegenständen gefüllte Kiste bereit, wie sie oben unter »Sie brauchen« beschrieben ist.

   Wir hatten jetzt die Möglichkeit, achtsam zu schauen, zu schmecken und zu hören. Nun werden wir noch erfahren, wie es sich anfühlt, etwas wirklich konzentriert und achtsam mit den Händen zu berühren. Wir werden jetzt mit der »Rätselkiste« spielen.

- Zeigen Sie Ihrem Kind die Rätselkiste, und geben Sie ihm die Schachtel in die Hand, wenn es das möchte.
- Bei diesem Spiel wird Ihr Kind die Augen schließen, die Hände in die Kiste stecken und die Gegenstände darin nacheinander betasten. Es kann eines der Objekte anfassen und so lange beschreiben, was es fühlt, bis es bereit ist, zu erraten, worum es sich handeln

könnte. Geben Sie Ihrem Kind ein oder zwei Minuten Zeit, in denen es den von ihm ertasteten Gegenstand einfach nur beschreiben darf, ehe es einen Tipp abgibt. Nachdem es ihn ein paar Minuten lang beschrieben hat, fragen Sie:

> *Kannst du mir sagen, was du da ertastet hast? Lass uns den Gegenstand aus der Kiste nehmen.*

- Erinnern Sie Ihr Kind daran, dass es – wie beim Spiel »Ich sehe was, was du nicht siehst« – nicht ums Gewinnen oder Verlieren geht, sondern lediglich darum, ganz genau darauf zu achten, wie sich etwas anfühlt. Es kann durchaus Spaß machen, den Gegenstand richtig zu erraten. Es ist aber auch interessant, zu sehen, welche anderen Vorstellungen die Sinneseindrücke in Ihrem Kind wecken.
- Bitten Sie Ihr Kind nun, weiter einen Gegenstand nach dem anderen zu betasten, zu beschreiben und anschließend zu erraten, und nehmen Sie den Gegenstand dann aus der Kiste. Fragen Sie:

> *Was hat dir geholfen, den Gegenstand zu erraten? Wie war das, etwas anzufassen, ohne zu wissen, was es ist? Wie hast du das empfunden? Hat dich irgendetwas an diesem Spiel überrascht?*

- Nehmen Sie nun die Meditationstagebücher heraus, und erinnern Sie Ihr Kind daran, dass Ihnen diese besonderen Hefte die Möglichkeit bieten, sich an das in der gemeinsamen Zeit Gelernte zu erinnern.

> *So wie wir uns darauf konzentrieren können, wenn wir irgendwelche Dinge sehen, schmecken, hören oder berühren, können wir unsere ganze Aufmerk-*

> samkeit auch auf all die anderen Dinge richten, die wir tun, während wir sie tun. Beim Malen oder Zeichnen können wir uns ganz auf diese Beschäftigung konzentrieren. Lass uns etwas von dem, was wir heute erlebt haben, in unsere Meditationstagebücher zeichnen. Das kann etwas sein, das wir geschmeckt haben, oder ein Gegenstand, den wir betrachtet haben, oder etwas, das wir berührt oder vielleicht sogar auf der CD gehört haben. Achte beim Zeichnen der verschiedenen Gegenstände darauf, ob du sie mit deinen Augen, deinen Ohren, deiner Zunge oder deinem Tastsinn kennengelernt hast.

- Sprechen Sie darüber, welche Möglichkeiten es gibt, alltägliche Dinge achtsam und mit großer Aufmerksamkeit zu erledigen. Bitten Sie Ihr Kind, sich eine Sache zu überlegen, die es noch am selben Abend vor dem Schlafengehen tun wird und bei der es auch achtsam sein könnte, z.B. das Zähneputzen. Fragen Sie:

  > *Möchtest du diese Übung irgendwann noch einmal wiederholen?*

- Läuten Sie schließlich die Glocke, und bitten Sie Ihr Kind, die Hand zu heben, wenn es den Ton nicht mehr hört. Danken Sie ihm für diese ganz besondere gemeinsame Zeit.

Üben im Alltag
- Die Natur bietet einzigartige Möglichkeiten, sich des gegenwärtigen Augenblicks gewahr zu werden. Fahren Sie ans Meer, und sehen Sie schweigend den Wellen zu oder genießen Sie einen kurzen Augen-

blick der Stille, während Sie den Wolken zusehen. Denken Sie später über das Erlebte nach. Man kann der Macht der Natur auch dadurch Respekt zollen, dass man die Kinder bittet, sich einen Lieblingsbaum oder Lieblingsplatz auszusuchen, den sie regelmäßig aufsuchen.
- Während eines hektischen Tages mit den Kindern kann es schnell passieren, dass wir die Gegenwart des anderen nicht wirklich wahrnehmen. Wenn Ihr Kind Ihnen das nächste Mal etwas von seinen Erlebnissen erzählt oder ins Spiel vertieft ist oder einfach nur auf Ihrem Schoß sitzt, dann gönnen Sie sich eine Achtsamkeitspause. Halten Sie inne, und seien Sie für alles gegenwärtig, was Sie über diesen Menschen, Ihr Kind, lernen können.

📖 ZEIT FÜR GESCHICHTEN

Lesen Sie zusammen das Buch *Sei doch mal still* von Hanna Johansen. »Sei doch mal still. Warum soll ich still sein? Ich will was hören.« So fängt der Text in dem von Jacky Gleich illustrierten Bilderbuch an, und diese Mahnung durchzieht das Buch wie ein Refrain. »Was willst du denn hören?«, fragt da jemand – zum Beispiel die Fliege am Fenster, den Baum an der Straße, die kleinen Vögel im Nest oder den Regenbogen. »Kann man den hören? Vielleicht.« Ist die Stille wirklich still? Wenn man die Ohren ganz weit aufsperrt und horcht, kann man die Fliege am Fenster, die Regentropfen und sogar die kleinen Vögel im Nest hören. Kann man nicht auch den Regenbogen hören und den Baum an der Straße? Zwei Kinder gehen auf Entdeckungsreise und zeigen sich die Welt der Geräusche. Am Ende des Buches bricht tatsächlich eine – erfüllte – Stille an. Die Bilder und Worte laden dazu ein, beim Schauen die Ohren zu spitzen: »Kannst du das hören? Und wie! Ich auch.«

Sie können das Buch mit folgenden Worten vorstellen:

> *Lass uns lesen, was passiert, wenn ein kleines Mädchen und ein kleiner Junge entdecken, welche Geräusche sie hören können. Lass uns herausfinden, welche Geräusche wir selbst schon einmal gehört haben und welche neu für uns sind.*

Lesen Sie das Buch laut vor. Dabei können Sie Ihr Kind gerne bitten, die Geräusche nachzumachen, die dort zu hören sind.

Sprechen Sie nach der Lektüre über folgende Themen:

> *Die beiden Kinder im Buch haben viele Geräusche gehört. Welche davon wurden von Menschen erzeugt? Was haben sie sonst noch gehört? Welche Geräusche kanntest du schon? Welche waren dir neu?*

Sie könnten vorschlagen, eine Minute lang die Augen zu schließen und all die unterschiedlichen Geräusche wahrzunehmen, die Sie beide im Moment hören können – und auch die Stille, so wie am Ende des Buches.

Suchen Sie selbst nach Ihren eigenen Vorstellungen ein weiteres passendes Vorlesebuch aus den Büchern mit Empfehlungen aus, die im Anhang aufgelistet sind, oder lassen Sie sich von Ihrem örtlichen Buchhändler oder Bibliothekar beraten. Infrage kommen vor allem solche Bücher, mit denen Ihr Kind die Welt im eigenen Inneren und die Welt da draußen entdecken und unterscheiden lernt. Das könnte auch ein klassisches Kinderbuch wie *Der kleine Prinz* von Antoine de St. Exupéry oder *Die Biene Maja* von Waldemar Bonsels (in einer illustrierten Textausgabe) sein.

Bereiten Sie Ihr Kind ähnlich wie bei den vorher empfohlenen Büchern auf die Lektüre vor, und sprechen Sie hinterher über alles, was es aus dem Buch behalten hat. Fragen Sie auch, ob es ähnliche eigene Erlebnisse in der Fantasie oder in der wirklichen Welt gehabt hat, und helfen Sie ihm, die Unterschiede zwischen Fantasie und Wirklichkeit zu erkennen.

Zuletzt können Sie ihm vorschlagen, sich im Geiste an einen friedlichen Ort in der Natur zu begeben, an dem Sie schon einmal zusammen waren. Fragen Sie es, was es dort sieht und hört und was es fühlt, wenn es die Hände ausstreckt, während es an diesem Ort sitzt oder dort spazieren geht.

Kapitel 4
Übungen für Kinder von 8 bis 11 Jahren

Besonderheiten in der Entwicklung der Kindern von 8 bis 11 Jahren

Wer seine Zeit mit 8- bis 11-Jährigen verbringt, ist oft von ihrem Enthusiasmus, ihrer Energie und ihrer Fantasie begeistert. Diese Kinder begegnen ihrer Umwelt noch mit dem gleichen Staunen wie früher, als sie noch jünger waren. Gleichzeitig können sie inzwischen aber auch so weit rational denken, dass sie die Welt – und sich selbst – besser verstehen. Deshalb bezeichnen viele Eltern dieses Stadium als das »Zeitalter der Vernunft« – als eine Zeit, in der die Kinder allmählich etwas Abstand von der Situation nehmen können, um Denken und Handeln abzuwägen. Sie sind sich ihrer Gedankengänge klarer bewusst und können ihr Verhalten besser überdenken. Das führt auch dazu, dass sie ihre Gefühle und ihr Verhalten verlässlicher und genauer schildern können.

Nach den Erkenntnissen des Sozialpsychologen Lew Wygotski ist der gesellschaftliche Kontakt der Schlüssel zur Entwicklung höherer geistiger Funktionen bei den 8- bis 11-Jährigen. Das heißt, sie erleben die Welt durch einen Filter, der aus ihrem Selbstempfinden in Beziehung zu anderen Menschen entsteht – besonders zu den wichtigsten Bezugspersonen ihrer Welt. Deshalb machen Kinder dieser Altersgruppe die besten Lernerfahrungen mit Menschen, denen sie vertrauen und die ihnen beim Erlernen einer neuen Fähigkeit helfen können. Indem Sie Beruhigungsstrategien vermitteln, wie sie in diesem Buch vorgestellt werden, nutzen Sie nicht nur die im Entstehen begriffenen Fähigkeiten der Kinder, sondern helfen ihnen auch, sie weiterzuentwickeln.[1]

Dieser Zuwachs an Kompetenz und das von der Beziehung zu anderen beeinflusste Selbstempfinden bringen auch immer mehr Ängste und Sorgen mit sich. Kinder dieser Altersgruppe wollen gefallen und sind deshalb empfindlicher gegenüber Kritik, haben mehr Angst vor neuen Situationen und Aufgaben und leiden mit größerer Wahrscheinlichkeit unter Lampenfieber. Wenn sie Beruhigungsstrategien lernen, kann ihnen das eine große Hilfe im Umgang mit diesen schwierigen Gefühlen sein.

Was Sie über diese Altersgruppe wissen sollten[2]

- 8- bis 11-Jährige haben viel Energie und Fantasie. Jetzt ist es wichtig, dass sie lernen, ihre Kraft ganz auf die zu bewältigende Aufgabe zu richten. Deshalb sollte die Zeit, die Sie für die Übungen reservieren, unbedingt frei von allen anderen Ablenkungen und Anforderungen sein.
- Diese Kinder lernen am besten, wenn das neue Wissen und die neuen Fähigkeiten in einzelne Abschnitte gegliedert werden. Dann können sie auf jeder Stufe der Komplexität Erfolg haben. Gehen Sie es langsam an, und akzeptieren Sie, dass es eine gewisse Zeit dauert und schwierig sein kann, etwas Neues zu lernen.
- Da Kinder manchmal aufgeben wollen und sehr empfindlich auf Kritik reagieren, sollten Sie ihnen bei jedem Schritt sehr viel positives Feedback geben und ihnen Mut machen. Achten Sie darauf, dass Sie mit Ihrem Lob präzise sind.
- Kinder dieses Alters sind äußerst energiegeladen und unruhig. Sie brauchen sehr viel körperliche Bewegung, ermüden manchmal

aber auch schnell. Versuchen Sie deshalb, die Übungen an den natürlichen Rhythmus Ihres Kindes anzupassen, vor allem, wenn es nach etwas Beruhigung verlangt.
- 8- bis 11-Jährige unterhalten sich gerne mit ihren Eltern. In einer vertrauten Umgebung und im Rahmen eines Gesprächs, das nicht auf ein bestimmtes Ergebnis hinzielt, sollten sie sich ungehemmt äußern. Achten Sie deshalb auf einen zwanglosen und natürlichen Umgangston. Diese Kinder mögen es, wenn man ihnen Fragen stellt, auf die auch Sie auch als Erwachsene keine Antwort wissen. Schließen Sie sich dieser Erkundungsreise als gleichberechtigter Partner Ihres Kindes an.
- In diesem Alter müssen Kinder einen Sinn in der zu erledigenden Aufgabe erkennen können. Sie müssen deshalb wissen, weshalb sie diese Übungen machen sollen. Sprechen Sie über den Nutzen der Entspannungstechniken, wann immer das nötig ist.

✺ ÜBUNG

Progressive Muskelentspannung

Dies ist das dritte Stück auf der CD.

Diese Übung wird die Kinder mit der Vorstellung vertraut machen, dass sie von nun an regelmäßig eine Zeit des ruhigen Beisammenseins mit Ihnen verbringen werden. Das soll ihnen helfen, ihren Geist zur Ruhe zu bringen und ihren Körper zu entspannen. Sie werden vergleichen, wie sie sich im entspannten Zustand und wie sie sich unter Druck fühlen, und sie werden die »Stressreaktion« ihres Körpers besser verstehen lernen. Zum Abbau der in ihrem Körper gespeicherten Spannung werden sie zwei Techniken erlernen: die tiefe Bauchatmung (auch Zwerchfellatmung genannt) und die progressive Muskelentspannung. Benutzen Sie einen Luftballon zur Veranschaulichung, um Ihr Kind beim Üben der tiefen Zwerchfellatmung zu unterstützen. Wenn Sie möchten, können Sie es auch mit den Stressmesspunkten oder »Biodots« bekannt machen. Sie können ihm damit helfen, sich seines Stressniveaus bewusst zu werden. Nachdem Sie die geführte Übung auf der CD gemacht haben, bei der die Muskeln angespannt und wieder entspannt werden, können Sie die »Meditationstagebücher« weiterführen. Sie bieten Ihnen und Ihrem Kind wieder die Möglichkeit, die eigenen Gefühle bezüglich Ihrer beider Erfahrungen künstlerisch, mit Worten oder auf andere Weise weiter zu erforschen.

VOR DEM ANHÖREN DER CD

Sie brauchen

- Glocke, Klangschale oder Klangstab (siehe Liste der Übungsmaterialien im Anhang des Buches)
- Luftballon
- Eine Kopie der Checkliste »Wie fühle ich mich unter Stress?«, Seite 101 und einen Stift
- Dieses Buch
- Einen CD-Spieler und die beigefügte CD
- Stressmesspunkte (»Biodots«, optional – siehe Liste der Übungsmaterialien)
- Zwei Meditationstagebücher: eines für Sie und eines für Ihr Kind. (Sie können mit Papier, Stiften, Wachsmalkreiden und/oder bunten Filzstiften sowie Garn oder Bändern eigene Tagebücher basteln oder fertige Notizbücher kaufen.)
- Eine Zeit der Ruhe und einen friedlichen Ort, an dem Sie mit

Ihrem Kind sitzen und sich gegebenenfalls auch problemlos hinlegen können

Benötigte Zeit: 30 Minuten

Vermittelte Vorstellungen und Fähigkeiten
Die Kinder werden:
- vergleichen, wie sich ihr Körper im ruhigen und im gestressten Zustand anfühlt;
- üben, ihn mithilfe der tiefen Bauchatmung zu entspannen;
- Stress als Reaktion des Körpers auf eine Situation erkennen, die er als Notfall empfindet;
- die Situationen identifizieren, die eine Stressreaktion bei ihnen auslösen;
- erleben, wie sie ihren Körper mithilfe der progressiven Muskelentspannung lockern können.

Bitte beachten Sie
- Die tiefe Bauchatmung oder Zwerchfellatmung ist eine der einfachsten und besten Möglichkeiten, Anspannung und aufgestauten Stress aufzulösen.
- Damit Spannungen durch das progressive Anspannen und Entspannen der Muskeln gelöst werden können, muss die Anspannung in den betreffenden Körperteilen ein paar Sekunden lang gehalten werden. Anschließend sollten die angespannten Muskelpartien eher schnell als langsam wieder gelockert werden.

Vorbereitungen
- Erklären Sie Ihrem Kind zunächst, was Sie bei der Arbeit mit diesem Buch und dieser CD zusammen lernen werden. Sagen Sie zum Beispiel:

> *Von jetzt an werden wir ein paarmal in der Woche eine ganz besondere Zeit des ruhigen Beisammenseins miteinander verbringen. Was hältst du davon, wenn wir dabei ein paar neue Denk- und Handlungsmöglichkeiten ausprobieren? Auf diese Weise können wir lernen, besser mit Stress umzugehen – mit Momenten, in denen wir besorgt, wütend, ängstlich oder nervös sind. Wir werden einige Methoden kennenlernen, wie wir uns beruhigen und die Kontrolle über unsere Reaktionen bekommen können. Ich habe festgestellt, dass viel Gutes passieren kann, wenn der Geist ruhig und der Körper entspannt ist. Man kann besser aufpassen, bessere Entscheidungen treffen und fühlt sich vielleicht sogar gesünder und glücklicher.*

- Sagen Sie Ihrem Kind, dass Sie diese Zeit des ruhigen Beisammenseins mit einer Schweigeminute beginnen möchten. Dass Sie eine Glocke (o.ä.) läuten und es bitten werden, dem Klang so lange zu lauschen, bis er vollständig verklungen ist. Bitten Sie es, die Hand zu heben, wenn es den Ton nicht mehr hören kann – und erklären Sie, dass Sie das ebenfalls tun werden. Haben Sie Geduld mit Ihrem Kind – vor allem dann, wenn es die Stille nicht gewohnt ist. Es kann ein wenig dauern, bis es sich an die Möglichkeiten gewöhnt hat, die ihm die Stille bietet. Läuten Sie die Glocke, lauschen Sie dem Klang, und schweigen Sie gemeinsam etwa eine Minute.
- Erklären Sie Ihrem Kind, dass Sie nun gemeinsam herausfinden werden, wie sich der Körper anfühlt, wenn man sich über irgendetwas Sorgen macht oder aufregt, und wie groß der Unterschied ist, nachdem man sich wieder beruhigt hat.
  Beginnen Sie mit den Worten:

> *Ich möchte, dass wir beide jetzt an einen Ort denken, an dem wir schon mehrmals waren – zusammen oder jeder für sich. Wir können auch an einen Ort denken, an dem du erst ein einziges Mal gewesen bist. Hauptsache ist, dass du dort ein Gefühl von tiefem Frieden empfunden hast. Das kann ein Ort sein, an dem wir erst vor kurzem waren oder den wir schon vor einer ganzen Weile besucht haben. Du solltest dort vollkommen ruhig, entspannt und friedlich gewesen sein. Fällt dir etwas dazu ein? Wenn ja, was?*

Nachdem Ihr Kind seinen Ort genannt hat, sagen Sie auch Ihren.
- Sagen Sie Ihrem Kind, dass Sie mit ihm nun in Gedanken an diesen ganz besonderen Ort reisen möchten, an den es gerade denkt. Sagen Sie:

> *Lass uns sehen, ob wir uns in unserer Vorstellung an diesen besonderen Ort begeben können. Möchtest du es versuchen? Dann schließen wir jetzt die Augen und machen es uns bequem. Stell dir vor, jetzt an diesem friedlichen Ort zu sein.* [Warten Sie zehn Sekunden.]
> *Sieh dich um, und achte auf das, was du siehst. Achte auf die Farben und Formen der Dinge in deiner Umgebung... Kannst du etwas hören? Etwas riechen? Wenn du in deiner Vorstellung den Arm ausstreckst, was kannst du dann mit deiner Hand berühren und wie fühlt es sich an? Lass dir einfach etwas Zeit, um tatsächlich an diesem ganz besonderen Ort gegenwärtig zu sein, bis ich die Glocke*

> *läute.* [Warten Sie ungefähr 15 Sekunden, und läuten Sie dann die Glocke.]
> *Jetzt kehren wir langsam ins Zimmer zurück und öffnen die Augen. Konntest du dir vorstellen, in* [Name des Ortes] *zu sein?*
> *Wie fühlst du dich jetzt? Was geht in deinem Körper vor?*

Helfen Sie Ihrem Kind, Antworten zu finden, in denen es zum Beispiel ruhige, angenehme Atmung, eine entspannte Muskulatur, ein Gefühl der Ruhe und so weiter aufzählt. Bestätigen Sie, dass es sich bei diesen Dingen um die Anzeichen körperlicher Entspannung handelt.

- Bitten Sie Ihr Kind nun, sich an eine Situation zu erinnern, die es in den letzten Tagen erlebt hat und in der es aufgewühlt oder gestresst, ängstlich oder nervös war.

> *Ich möchte, dass wir nun beide an eine Situation denken, die wir – zusammen oder jeder für sich – in den letzten Tagen erlebt haben und in der wir sehr gestresst und aufgeregt waren. Vielleicht hast du dir einmal Sorgen gemacht, oder du warst wütend oder ängstlich. Der Grund für deine Aufregung kann eine Person oder auch ein Ort gewesen sein – vielleicht ist es in der Schulpause passiert. Möglicherweise war es auch in einer bestimmten Situation – zum Beispiel bei einer Prüfung. Überlege kurz, ob dir etwas einfällt, was du mir erzählen möchtest.* [Warten Sie einen Augenblick.] *Fällt dir etwas ein? Wo warst du? Wer war bei dir? Was ist passiert?*

Erzählen auch Sie von einer Situation, in der Sie sich gestresst gefühlt haben, und sprechen Sie darüber.
- Sprechen Sie über die körperlichen Anzeichen von Stress und verwenden Sie dazu die Checkliste »Wie fühle ich mich unter Stress?« auf Seite 101:

> *Erinnere dich jetzt an diese belastende Situation, und achte darauf, wie sich dein Körper unter Stress anfühlt. Lass uns einen Blick auf diese Liste hier werfen und alles ankreuzen, was wir in dieser Stresssituation gefühlt haben.*

- Erklären Sie, dass Geist und Körper unter Druck ganz anders reagieren, dass wir diese Unterschiede manchmal – aber nicht immer – wahrnehmen können und dass jedem Menschen andere Dinge Probleme bereiten.

Die Arbeit mit Stressmesspunkten oder »Biodots« (optional)
- Sie können auch mit Stressmesspunkten (»Biodots«) arbeiten, damit Ihr Kind seine körperlichen Reaktionen auf die verschiedenen Belastungsniveaus besser kennenlernen kann. Wir wenden die Stressmesspunkte in unserer Arbeit recht erfolgreich an. Damit geben wir den Kindern die Möglichkeit, sofort zu erfahren, wie sehr sie gerade unter Stress stehen. Diese kleinen Klebepunkte sind ein recht genaues, temperaturempfindliches Hilfsmittel. Sie wechseln die Farbe, wenn sich die Hauttemperatur verändert. Das funktioniert, weil die Extremitäten, zum Beispiel die Hände, unter Stress erheblich schlechter mit Blut versorgt werden und der Stressmesspunkt auf diese Veränderungen reagiert.

> Manchmal wissen wir, ob wir ruhig oder aufgeregt sind, aber manchmal können wir nicht genau sagen, wie wir uns fühlen. Ich möchte dir jetzt einen sogenannten Stressmesspunkt oder »Biodot« zeigen. [Kleben Sie einen Punkt auf die Haut der Handrückseite zwischen Daumen und Zeigefinger.]
>
> *Dieser kleine Punkt verändert seine Farbe – je nachdem, ob wir innerlich ruhig oder angespannt sind. Stehen wir unter Druck, fühlen sich unsere Hände kalt an, weil nicht mehr so viel Blut durch die kleinen Äderchen fließt. Sind wir entspannt, fließt wieder mehr Blut, und unsere Hände werden wärmer. Dieser kleine Punkt registriert die Veränderungen in unserem Körper und nimmt die entsprechende Farbe an.*

Bitten Sie Ihr Kind, sich einen Stressmesspunkt aufzukleben, und machen Sie es ebenso.

- Sehen Sie sich an, welche Farbe Ihre Punkte haben, und vergleichen Sie sie mit der Tabelle des Herstellers. Möglicherweise müssen Sie die folgenden Begriffe entsprechend anpassen, damit Ihr Kind die Bedeutung der Farben versteht:
  Violett: sehr ruhig
  Blau: ruhig (entspannt und friedlich)
  Grün: entspannt (aber nicht so ruhig wie blau)
  Beige: beschäftigt (mit einer Tätigkeit wie Arbeit oder Spiel, die man nicht als anstrengend empfindet)
  Braun oder *schwarz:* gestresst und sehr gestresst (möglicherweise sehr besorgt, ängstlich oder wütend)

Wie fühle ich mich unter Stress?

Bitte kreuze alle Punkte an, die beschreiben, wie du dich unter Stress fühlst:

❏ Nervös

❏ Kann nicht still sitzen

❏ Schnelle Atmung

❏ Zittrige Hände

❏ Kalte Hände

❏ Zittrige Knie

❏ Kalte Füße

❏ Herzklopfen

❏ Engegefühl in der Brust

❏ Werde schnell wütend

❏ Mache mir Sorgen um Kleinigkeiten oder habe Angst

❏ Möchte weinen

❏ Trockener Mund

❏ Angespannte Muskeln

❏ Nervöser Magen

❏ Schwitze

❏ Schlafe schlecht ein

❏ Sonstiges _____

- Erklären Sie, wie man die Stressmesspunkte sinnvoll in der nächsten Übung verwenden kann:

    Wir können die Punkte aufgeklebt lassen, während wir ein paar Entspannungsmöglichkeiten kennenlernen. Dann sehen wir, ob sie sich verfärben. Würde dir das gefallen? Hat dich die Farbe des Punktes überrascht, als du ihn eben aufgeklebt hast? Oder nicht?

Über die Stressreaktion
- Erklären Sie die Gründe für die Reaktion des menschlichen Körpers auf Stress.

    Erinnerst du dich noch an die Dinge, die wir gerade angekreuzt haben, als wir darüber sprachen, wie sich unser Körper und Geist unter Stress anfühlen? Diese Vorgänge laufen immer dann ab, wenn wir meinen, es läge eine Art Notfall vor – ob wir es wollen oder nicht. Sie werden als »Stressreaktion« bezeichnet oder als eine Reaktion, bei der man sich auf »kämpfen, fliehen oder erstarren« vorbereitet. Was meinst du, weshalb das so heißt? [Legen Sie eine Diskussionspause ein.]

    Stell dir zum Beispiel vor, wie es vor langer Zeit war, als unsere Vorfahren noch ganz anders lebten als wir heute. Sie durchstreiften die Wälder auf der Suche nach Nahrung, um nicht zu verhungern. Von Zeit zu Zeit begegneten sie einem wilden Tier, zum Beispiel einem hungrigen Löwen. Dann mussten sie entweder kämpfen oder um ihr Leben lau-

fen! Versuche einmal, dir das vorzustellen. Du siehst den Löwen, und dein Körper spannt sich an. Vermutlich hast du Angst, und dein Herz schlägt schneller, um mehr Sauerstoff in deine Muskeln zu pumpen, damit du rasch handeln kannst. Alle diese Veränderungen werden von einem einzigen Gedanken in deinem Kopf ausgelöst: Gefahr! Diese körperlichen Vorgänge helfen dir, dich entweder heftig gegen den Löwen zur Wehr zu setzen oder ganz schnell davonzulaufen. In einer solchen Situation könnte dir die in deinem Körper ablaufende Reaktion tatsächlich das Leben retten. Du könntest dich auf einen Kampf oder die Flucht vorbereiten. Oder du erstarrst und rührst dich nicht mehr vom Fleck, um dich so vor der Gefahr zu schützen. Das kann auch passieren, wenn du sehr viel Angst hast.

Diese Notreaktion kann in lebensgefährlichen Situationen eine echte Hilfe sein, aber manchmal halten wir etwas für lebensgefährlich, obwohl es in Wirklichkeit ein falscher Alarm ist – wie vorhin, als wir an eine Situation dachten, in der wir uns gestresst gefühlt haben, obwohl es gar nichts Lebensbedrohliches war. Manchmal kommt es vor, dass wir Vorstellung und Wirklichkeit verwechseln, und ohne es wirklich zu wollen, bereiten wir uns auf den äußersten Notfall vor, obwohl keine echte Gefahr droht. Das ist nicht gut für den Körper, und deshalb nehmen wir uns etwas Zeit, um zu üben, wie man den Geist zur Ruhe bringt und den Körper entspannt. So können wir allmählich lernen, nicht mehr so häufig auf einen falschen Alarm hereinzufallen.

Führen Sie die Bauchatmung ein[3]

- Erklären Sie Ihrem Kind, wie wichtig es ist, sich der Atmung bewusst zu sein, wenn man lernen möchte, trotz der Aufregung den Geist zur Ruhe zu bringen und den Körper zu entspannen:

  Eine der Möglichkeiten, sich zu entspannen, ist es, tief durchzuatmen. Da wir normalerweise nicht über unsere Atmung nachdenken, achten wir nicht weiter darauf und wissen vielleicht nicht, wie tief wir durchatmen.

- Kündigen Sie an, dass Sie nun beide eine Weile auf die eigene Atmung achten werden. Sagen Sie zu Beginn:

  Setz dich bequem hin, und schließ die Augen. Entspanne dich. Achte nun allmählich darauf, wie dein Atem ein- und ausströmt. Ein und aus. [Warten Sie ab, bis Ihr Kind ein paarmal ein- und ausgeatmet hat.]
  Achte beim Luftholen darauf, ob du durch die Nase... oder den Mund... atmest. Dehnt sich deine Brust beim Einatmen aus? Hebt sich irgendein anderer Teil deines Körpers? Stelle auch beim Ausatmen fest, welcher Teil deines Körpers sich bewegt.

- Bitten Sie Ihr Kind, die Augen zu öffnen, und sprechen Sie über die Dinge, die ihm aufgefallen sind.

- Erklären Sie Ihrem Kind, dass man eine tiefe Atmung unter anderem daran erkennt, dass sich nicht nur die Brust, sondern auch der Bauch hebt und senkt. Sagen Sie:

   Wenn wir atmen, atmen wir nicht immer vollständig durch. Deshalb möchte ich jetzt ein Experiment mit dir machen. Heb den Arm ungefähr auf Schulterhöhe, und streck deinen Zeigefinger nach oben, als wolltest du zum Himmel deuten. Bewege ihn nun wie einen Scheibenwischer hin und her, ungefähr fünfmal.

  Machen Sie es vor, und geben Sie Ihrem Kind ein wenig Zeit, um es selbst so zu machen.
- Fragen Sie nun, was bei diesem Experiment mit seinem Atem passiert ist. Fragen Sie:

   Was ist dir bei diesem Experiment an deiner Atmung aufgefallen? Hast du überhaupt geatmet? Oder hast du den Atem angehalten? Hat sich dein Bauch bewegt oder nur deine Brust?

- Es kommt häufig vor, dass man bei diesem Experiment den Atem anhält oder nicht besonders tief atmet. Das ist eine gute Gelegenheit, um zu erklären, dass wir im Laufe des Tages oft nicht so tief atmen, wie wir eigentlich sollten, um den Körper zu entspannen und den Geist zu sammeln.

   Im Laufe des Tages wird unsere Atmung von vielen Dingen gestört, sodass wir nicht tief genug durchatmen – ob wir uns dessen nun bewusst sind oder nicht. Wenn wir abgelenkt oder gestresst oder gar aufgeregt sind, füllen wir die Lunge möglicherweise nicht ganz und nehmen nicht so viel Sauerstoff auf, wie wir brauchen, damit unser Körper gesund bleibt.

[Blasen Sie einen Luftballon etwa zu einem Viertel auf.]

Ich werde dir mithilfe dieses Ballons erklären, was ich meine.

Wenn wir nicht tief genug atmen, wenn sich nur unsere Brust, nicht aber unser Bauch bewegt, füllen wir die Lunge nur zu einem Viertel ihrer gesamten Größe – wie das bei diesem Ballon hier der Fall ist. Atmen wir dagegen tief durch, füllen wir die ganze Lunge mit Luft [blasen Sie den Luftballon ganz auf], *und unser Bauch hebt sich und dehnt sich wie dieser Luftballon in alle Richtungen aus. Wenn unsere Lunge mit Luft gefüllt ist, steht unserem Körper genügend Sauerstoff für alle seine Aufgaben zur Verfügung. Wichtig ist auch, dass wir die ganze verbrauchte Luft wieder ausatmen. Das tiefe Ein- und Ausatmen hält uns gesund und entspannt uns.*

- Üben Sie nun gemeinsam das tiefe Durchatmen:

Wir legen jetzt beide Hände auf den Bauch, atmen tief ein und prüfen, ob der Bauch sich beim Einatmen füllt. Beim Ausatmen der Luft stellen wir fest, ob sich auch der Bauch wieder senkt. Fertig? Ein 1, 2, 3, 4, 5, und aus 1, 2, 3, 4, 5.

> *Wenn wir richtig tief einatmen, hebt sich nicht nur unsere Brust, sondern auch unser Bauch.*
>
> *Diese Art der Atmung wird als Bauchatmung oder Zwerchfellatmung bezeichnet. Unser Zwerchfell ist ein Muskel, der die Lunge von den darunter liegenden Organen wie zum Beispiel dem Magen trennt. Wenn wir in den Bauch atmen, verschafft das Zwerchfell der Lunge mehr Platz, damit sie mehr Luft aufnehmen kann.*

- Üben Sie es noch einmal.

> *Machen wir's noch einmal. Du atmest ein, während ich bis fünf zähle: 1, 2, 3, 4, 5.*
> *Und aus: 1, 2, 3, 4, 5.*

Wiederholen Sie den Atemzyklus noch ein paarmal, bis sich der Bauch Ihres Kindes beim Einatmen hebt und beim Ausatmen senkt. Falls es ihm immer noch nicht gelingt, so tief einzuatmen, dass sich sein Bauch bewegt, können Sie Ihre Hand leicht auf seinen Bauch legen.

ÜBEN MIT DER CD

(Legen Sie die CD ein, und stellen Sie den CD-Spieler auf die dritte Übung »Entspannung für Kinder von 8 bis 11 Jahren« ein.)

- Bereiten Sie Ihr Kind darauf vor, dass Sie nun eine CD anhören werden, die Sie durch eine Erfahrung körperlicher Entspannung führen wird. Sagen Sie:

In unserer ganz besonderen gemeinsamen Zeit werden wir auch immer eine CD mit Übungen von Daniel Goleman anhören. Er ist Experte für die Arbeit mit Gefühlen. Mit seiner Hilfe werden wir verschiedene Methoden lernen, um unseren Geist und unseren Körper zur Ruhe zu bringen. Da Herr Goleman Amerikaner ist, werden die Übungen von Frau Dressler gesprochen. Sie wird uns zeigen, wie wir uns auf die einzelnen Körperteile konzentrieren können – vom Kopf bis zu den Füßen –, und wird uns helfen, alle unsere Glieder zu entspannen, damit wir den darin gespeicherten Stress loslassen können.

Sie wird uns bitten, bestimmte Muskelgruppen anzuspannen und sie anschließend wieder zu entspannen. Je mehr wir üben, desto leichter werden wir uns bei Bedarf beruhigen oder entspannen können. Bist du bereit? Ich werde diese Übung mit dir machen.

Frau Dressler wird uns bitten, uns allmählich der verschiedenen Körperteile bewusst zu werden. Zunächst werden wir die einzelnen Gliedmaßen ganz fest anspannen und die Spannung ein wenig halten. Dann werden wir sie ganz schnell wieder lösen. Aber bevor wir beginnen, legen wir uns gemütlich auf den Boden und machen es uns bequem.

Zeigen Sie Ihrem Kind, was Sie mit dem Anspannen meinen, indem Sie eine Hand zur Faust ballen und bis fünf zählen, sie anschließend schnell wieder entspannen und bis zehn zählen.
- Spielen Sie die dritte Übung auf der CD ab.

Progressive Muskelentspannung
Für Kinder von 8 bis 11 Jahren; Spielzeit 15:34 Minuten
Hier der Text der CD:

> *Wir werden nun ein wenig Zeit miteinander verbringen, in der du lernen wirst, den Stress in deinem Körper abzubauen. Das wird dadurch geschehen, dass du dich auf die verschiedenen Körperteile konzentrierst – einen nach dem anderen. Wir werden üben, wie man die verschiedenen Muskeln anspannt. Anschließend werden wir spüren, wie es sich anfühlt, die einzelnen Gliedmaßen wieder zu entspannen. Diese Übung hilft, einen Teil der körperlichen Anspannung abzubauen, damit du noch gesünder und glücklicher sein kannst. Bereiten wir uns also nun auf die Übung vor.*
>
> *Leg dich bequem auf den Rücken. Lockere alle Kleidungsstücke, die sich zu eng anfühlen. Du kannst auch die Schuhe ausziehen. Fang nun einfach an, dich zu entspannen – die Arme liegen neben dem Körper, die Beine sind ausgestreckt. Schließ locker die Augen.*
>
> *Atme ein paarmal tief und langsam durch, und denk daran: Beim Einatmen solltest du spüren, wie sich dein Bauch und deine Brust heben. Beim Ausatmen sagst du im Stillen zu dir: »Entspannen«, während dein Bauch sich wieder senkt.*
>
> *Einatmen 1, 2, 3, 4, 5 ... und ausatmen und entspannen 1, 2, 3, 4, 5 ... Und noch einmal ein 1, 2, 3, 4, 5 ... und ausatmen und entspannen 1, 2, 3, 4, 5.*

Konzentriere dich so gut wie möglich auf meine Stimme und meine Worte, während du dich immer mehr entspannst.

Stell dir nun vor, du hättest einen weichen Lehmklumpen in der rechten Hand. Drück den Lehm mit der Hand zusammen, balle sie, so fest du kannst, zur Faust, und spann auch den Rest des rechten Armes an. Drücken... drücken... drücken... Spüre die Anspannung in der rechten Hand und im Arm.

Öffne die rechte Hand nun schnell wieder, und lass den imaginären Lehm fallen. Löse die ganze Spannung in der rechten Hand und im rechten Arm, lass los, und entspann dich, während ich bis zehn zähle: 1, 2, 3, 4, 5, 6, 7, 8, 9, 10.

Spüre, wie warm und locker deine rechte Hand und dein rechter Arm sind.

Nun konzentrieren wir uns auf die linke Hand und den linken Arm und machen die Übung noch einmal. Stell dir vor, du hättest einen weichen Lehmklumpen in der linken Hand. Drück den Lehm mit der linken Hand zusammen, balle sie, so fest du kannst, zur Faust, und spann auch den Rest des linken Armes an. Drücken... drücken... drücken... Spüre die Anspannung in deiner linken Hand und in deinem Arm.

Öffne die linke Hand nun ganz schnell wieder, und lass den imaginären Lehm fallen. Löse die ganze Spannung in der linken Hand und im linken Arm. Lass los, und entspann dich, während ich bis zehn zähle: 1, 2, 3, 4, 5, 6, 7, 8, 9, 10. Spüre, wie warm und locker deine linke Hand und dein linker Arm nun sind. Gut gemacht. Deine Hände und deine Arme sind ganz entspannt.

Wir wenden uns jetzt dem Hals und den Schultern zu. Spanne die Schultern an, indem du sie bis zu den Ohren hochziehst. Spanne Schultern und Hals an, und halte die Spannung, während ich bis fünf zähle: 1, 2, 3, 4, 5 ... und entspannen. Lass die Schultern wieder sinken. Entspanne Hals und Schultern, während ich bis zehn zähle: 1, 2, 3, 4, 5, 6, 7, 8, 9, 10. Spüre einfach, wie gelöst Schultern und Hals sind. Gut gemacht. Deine Schultern und dein Hals sind ganz entspannt.

Richte deine Aufmerksamkeit nun auf deinen Kopf und dein Gesicht. Spann alle Muskeln in deinem Gesicht an. Kneif die Augen so fest wie möglich zusammen, zieh die Nase hoch, leg die Stirn in Falten, beiß die Zähne fest zusammen und halte die Spannung, während ich bis fünf zähle: 1, 2, 3, 4, 5.

Lass los, und entspann dich. Gesicht und Kopf werden locker und weich. Die Augen bleiben leicht geschlossen, während sich Stirn, Nase und Mund entspannen und ich langsam bis zehn zähle: 1, 2, 3, 4, 5, 6, 7, 8, 9, 10 ... Spüre, wie entspannt Kopf und Gesicht sind. Hervorragend. Dein Kopf und dein Gesicht sind entspannt.

Nun konzentrieren wir uns auf die Brust. Atme tief ein, und fülle die ganze Lunge mit Luft. Halt kurz den Atem an ... und atme wieder aus ... Lass die Luft ausströmen, und entspann die Brust, während du immer weiter langsam und tief ein- und ausatmest.

Jetzt sind Bauch und Unterkörper an der Reihe. Zieh Bauch und Po so weit wie möglich ein. Spann den Bauch an, so fest du kannst, und halte die Spannung, während ich bis fünf zähle: 1, 2, 3, 4, 5.

Entspanne dich, und lass los. Löse die Spannung im Bauch und in allen anderen Muskeln, bis alles weich und locker ist. Entspann dich einfach weiter, während ich bis zehn zähle: 1, 2, 3, 4, 5, 6, 7, 8, 9, 10... Spüre, wie locker dein Bauch jetzt ist. Gut gemacht. Dein Bauch und dein Unterkörper sind ganz entspannt.

Nun widmen wir uns der Entspannung deiner Beine und Füße und sogar deiner Zehen.

Spann zuerst das rechte Bein und den rechten Fuß an. Mach sie so steif wie möglich, und roll sogar die Zehen des rechten Fußes ein. Spann dein rechtes Bein und deinen rechten Fuß an ... löse die Anspannung nun wieder, und entspann dich, während ich bis zehn zähle: 1, 2, 3, 4, 5, 6, 7, 8, 9, 10... Spüre, wie entspannt dein rechtes Bein und dein rechter Fuß sind.

Dasselbe wiederholen wir nun mit dem linken Bein und dem linken Fuß. Spann das linke Bein und den linken Fuß an. Mach sie so steif wie möglich, und roll sogar die Zehen des linken Fußes ein. Spann Bein und Fuß weiter an ... und lass wieder los, und entspann dich, während ich bis zehn zähle: 1, 2, 3, 4, 5, 6, 7, 8, 9, 10... Spüre, wie entspannt beide Beine und Füße nun sind. Spüre die Entspannung bis in deine Zehenspitzen. Gut gemacht. Beide Beine und Füße sind ganz entspannt.

Spann jetzt ein letztes Mal den ganzen Körper an, während ich bis drei zähle. Bist du bereit? 1, 2, 3… Spann den ganzen Körper an und entspann ihn wieder… Und… anspannen… anspannen… anspannen… Und loslassen. Entspann den ganzen Körper, während du einfach daliegst und das Gefühl hast, mit dem Boden zu verschmelzen. Spüre, wie eine Welle aus Wärme und Entspannung durch deinen ganzen Körper fließt, und lass auch den letzten Rest von Anspannung los.

Nimm dir nun ein wenig Zeit, um zu prüfen, ob sich noch irgendein Teil deines Körpers angespannt oder unbehaglich anfühlt… Geh deinen ganzen Körper durch, und frag dich: Sind mein Gesicht und mein Kopf entspannt? Meine Brust? Mein Bauch? Beide Arme bis zu den Fingerspitzen? Sind meine Beine und meine Füße entspannt? Achte einfach darauf, wie entspannt sich dein Körper in diesem Augenblick anfühlt.

Wackle anschließend langsam mit den Zehen, bewege die Finger, und werde dir der Geräusche in deiner Umgebung bewusst. Öffne die Augen, streck dich genüsslich, setz dich langsam auf, und spüre, wie entspannt du jetzt bist.

Danke, dass du das mit mir ausprobiert hast.

🎧 NACH DEM ANHÖREN DER CD

Das weitere Vorgehen
- Helfen Sie Ihrem Kind, die bei der progressiven Muskelentspannung gemachten Erfahrungen zu erkunden und darüber nachzudenken:

  Wie fühlst du dich gerade? Wie fühlen sich deine Arme an? Deine Beine? Komm, wir legen unsere Hände auf Brust und Bauch und spüren unseren Atem. Wie fühlt sich das an? Welche Körperteile konntest du mühelos entspannen? Bei welchen ist es dir schwergefallen? Wann könnte diese Körperentspannungsübung in den nächsten Tagen hilfreich sein?

  Es ist sinnvoll, gleich einen Termin festzulegen, wann Sie sich das nächste Mal gemeinsam mit der progressiven Muskelentspannung beschäftigen wollen.
- Stellen Sie das »Meditationstagebuch« als Hilfsmittel vor, in das Sie von nun an regelmäßig zeichnen oder schreiben werden. Es soll in dieser besonderen Zeit des ruhigen Beisammenseins als Möglichkeit zum Nachdenken dienen. Sagen Sie:

  Ich möchte diese besondere Zeit damit ausklingen lassen, dass wir diese gemeinsame Erfahrung in ein Tagebuch malen oder schreiben. Auch ich werde es tun. So können wir jedes Mal festhalten, was beim Ausprobieren dieser Übungen passiert ist. Wir können unsere Tagebücher ganz nach Belieben verzieren. Für heute habe ich mir überlegt, dass wir den

> besonders ruhigen und friedlichen Ort malen oder beschreiben, an den wir gedacht haben. Wir können auch notieren, wie unser entspannter Körper ausgesehen oder sich angefühlt hat.

Vielleicht möchten Sie eine ruhige, leise Hintergrundmusik auflegen.
- Wenn Sie und Ihr Kind fertig sind, bitten Sie es, Ihnen seinen Tagebucheintrag zu zeigen. Sagen Sie ihm auch, dass es nun über jedes beliebige Thema mit Ihnen sprechen kann. Zeigen Sie ihm auch Ihren Eintrag.
- Kündigen Sie an, dass Sie versuchen werden, ein paarmal die Woche und später vielleicht sogar noch häufiger eine solch besondere Zeit mit Ihrem Kind zu verbringen:

> *Jedes Mal, wenn wir uns zum Üben hinsetzen, werden wir erst einmal etwas anderes zusammen machen und uns unterhalten. Dann hören wir uns die CD an, und anschließend sprechen wir über das, was wir dabei erlebt haben, und zeichnen oder schreiben etwas in unsere Tagebücher. Sobald wir die beiden Beruhigungsübungen auf der CD gut können, werden wir in unserer Zeit des ruhigen Beisammenseins meist nur noch mit der CD und unseren Tagebüchern üben.*

Erinnern Sie noch einmal an den Termin, den Sie sich für das nächste gemeinsame Üben der progressiven Muskelentspannung vorgenommen haben.
- Erklären Sie zum Schluss, dass Sie diese besondere gemeinsame Zeit ebenso beschließen werden, wie Sie sie begonnen haben – in-

dem Sie mit einer Glocke eine Schweigeminute einläuten. Bitten Sie Ihr Kind, mit geschlossenen Augen zu lauschen und, wenn es die Glocke nicht mehr hören kann, die Hand zu heben und die Augen wieder zu öffnen.
- Läuten Sie die Glocke.

Üben im Alltag

- Erinnern Sie sich an Leitlinie 5: Bauen Sie Rituale und neue Gewohnheiten in Ihren Familienalltag ein (siehe Kapitel 2), um das in den Übungen Erlernte noch stärker zu festigen und zu integrieren. An Ihrem friedlichen Platz könnte nun auch die Begleit-CD liegen, damit Ihre Kinder selbständig damit üben können, wenn sie ein wenig Ruhe brauchen.
- In diesem Alter sorgen sich Kinder allmählich vermehrt um alle möglichen Dinge und zeigen oft die damit einhergehenden psychosomatischen Symptome. Achten Sie auf die in der Checkliste »Wie fühle ich mich unter Stress«, Seite 101, aufgeführten Belastungssignale, und helfen Sie Ihrem Kind, die Verbindung zwischen diesen Anzeichen und den Menschen, Orten und Ereignissen in seinem Leben zu erkennen, die den Stress verursachen. Legen Sie gemeinsam einen Zeitrahmen für das Erlernen der progressiven Muskelentspannung fest, mit dem Ihrem Kind am besten bei der Stressbewältigung geholfen ist.
- Die progressive Muskelentspannung kann nicht nur den Körper entspannen, sondern auch die Konzentration fördern. Prüfungen und andere Herausforderungen können Kinder dieser Altersgruppe sehr beängstigen. Versuchen Sie deshalb, gleich morgens die progressive Muskelentspannung zu machen, wenn Ihr Kind eine Prüfung hat oder eine andere Herausforderung bestehen muss.
- Helfen Sie Ihrem Kind, wenn es aufgewühlt oder bedrückt wirkt, Anspannungen mithilfe der Tiefenatmung schnell wieder aufzu-

lösen. Sie können auch grundsätzlich immer üben, bevor sich Ihr Kind an die Hausaufgaben setzt oder ins Sporttraining oder zur Schule geht. Siehe auch in Kapitel 2 den Abschnitt »Zeigen Sie Ihren Kindern, wie sie ruhig bleiben können«.
- Wenn Sie Ihrem Kind eine gute Nacht wünschen, legen oder setzen Sie sich zu ihm, und gleichen Sie Ihre Atmung an die seine an. Denken Sie sich ein Abendritual aus, oder lösen Sie sich von einigen Sorgen des vergangenen Tages, indem Sie sie nacheinander in ihrer Faust festhalten, die Hand wieder öffnen und sie davonschweben lassen. Beschließen Sie das Ritual, indem jeder von Ihnen die Momente des Tages aufzählt, für die er dankbar ist.
- Auf langen Autofahrten oder auch sonst, wenn Sie mit Ihrem Kind eine Weile auf engstem Raum zusammen sind, können Sie es durch eine Kurzversion der progressiven Muskelentspannung führen. Geben Sie ihm nur ein paar Stichworte. Sagen Sie zum Beispiel:

Hände – anspannen… und entspannen… Füße und Beine – anspannen… und entspannen… Bauch einziehen… und entspannen… und so weiter.

ZEIT FÜR GESCHICHTEN

Kündigen Sie an, dass Sie das Buch *Meine Insel der Stille* von Sabine Seyffert mit Ihrem Kind lesen möchten. Die »Entspannungsgeschichten für Zappelkinder« nehmen die Kinder mit auf die Reise ins Land der Fantasie und der inneren schöpferischen Kräfte. So finden sie zu mehr innerer Ruhe, Gelassenheit, Mut und Kreativität. Die Bilder erwecken den Eindruck, als sei das Buch für kleinere Kinder gemacht, aber der Wortschatz und die behandelten Vorstellungen sind für die Altersgruppe von 8 bis 11 Jahren geeignet. Neben den Geschichten enthält das Buch eine Menge von Ideen und Anregungen, wie Ihre Kinder sich entspannen können. Nach allen Geschichten gibt es eine Liste von vertiefenden Vorschlägen unter dem Titel. »Lass uns noch etwas zusammen machen!« Beginnen Sie mit den Worten:

> *Ich habe hier ein Buch, das ich mit dir lesen möchte. Es handelt von den verschiedenen Möglichkeiten, wie man sich entspannen kann. Es enthält wunderschöne Geschichten und Bilder und vielleicht auch ein paar Wörter, die schwer zu lesen sind.*

Beginnen Sie mit der Lektüre, und fragen Sie von Zeit zu Zeit nach, ob Ihr Kind an einem der genannten Orte in der Fantasie oder in der Natur schon einmal gewesen ist und ob es dort ein Gefühl der Ruhe und Geborgenheit empfunden hat.

Sprechen Sie nach der Lektüre über folgende Themen:

> *Was hat dir an der Geschichte gefallen? Hat sie dir geholfen, dich zu entspannen? Möchtest du mal hören, was die Autorin sonst noch für Vorschläge für die Entspannung macht?*

Auch das Buch *35 Kilo Hoffnung* von Anna Gavalda eignet sich gut zum Vorlesen für diese Altersstufe. Es beginnt mit den Sätzen »Ich hasse die Schule. Ich hasse sie. Nichts ist schlimmer auf der Welt. Sie macht mir das Leben zur Hölle.« Aber David, der das sagt, entwickelt – mithilfe seines Großvaters – ungeahnte Stärken. Das Buch vermittelt die Botschaft, dass Erfolg nicht zwangsläufig an dem gemessen wird, was man erreicht, sondern daran, wie man mit den Herausforderungen entlang des Weges umgeht. Es beschreibt die möglichen Stressfaktoren im Leben eines Kindes und wie es trotzdem sich selber findet.

Legen Sie von Zeit zu Zeit eine Lesepause ein, um gemeinsam über den Text nachzudenken und sich darüber zu unterhalten. Stellen Sie offene Fragen wie: »Wann hast *du* dich so gefühlt?« oder »Erinnert dich das an etwas Ähnliches, das du selbst erlebt hast?«

✳ ÜBUNG

Konzentration und Achtsamkeit

Dies ist das vierte Stück auf der CD.

In dieser Übung lernen die Kinder die Praxis der Achtsamkeit kennen, die den Atem in den Mittelpunkt rückt und auf diese Weise den Geist beruhigt und die Aufmerksamkeit sammelt. Achtsamkeit ist eine Möglichkeit, sich urteilsfrei auf den gegenwärtigen Augenblick zu konzentrieren. Sie werden Ihrem Kind dabei helfen, seine ganze Aufmerksamkeit und Konzentration auf alltägliche Beschäftigungen und neue Herausforderungen zu richten.

Anschließend wird es die Erfahrung der Achtsamkeit machen, indem es voll konzentriert und in Zeitlupe eine Rosine isst und sich dabei bewusst macht, was es im gegenwärtigen Augenblick empfindet. Bei der geführten Achtsamkeitsübung auf der CD wird Ihr Kind lernen, wie ihm der Atem als Anker dienen kann, um seinen herumwandernden Geist in die Gegenwart zurückzuholen. Sie werden beide Ihre Erfahrungen in Ihren Tagebüchern festhalten und zusammen überlegen, wie Sie die Achtsamkeit in den Alltag einbinden können.

🎧 VOR DEM ANHÖREN DER CD

Sie brauchen
- Glocke, Klangschale oder Klangstab
- Zwei etwa gleich große Bücher mit glatten Umschlägen
- Pro Person zwei Rosinen und Pappteller oder Servietten. (Falls Ihr Kind keine Rosinen essen darf oder sie nicht mag, verwenden Sie andere Beeren oder Trauben.)
- Zwei »Meditationstagebücher«, Stifte, Wachsmalkreiden oder Filzstifte
- Zwei Stühle mit gerader Lehne
- Stressmesspunkte (»Biodots«, optional)
- Dieses Buch
- Einen CD-Spieler und die beigefügte CD

Vermittelte Vorstellungen und Fähigkeiten
Die Kinder werden:
- definieren, was »Achtsamkeit« bedeutet – dass man sich der Geschehnisse bewusst ist, während sie geschehen;
- das Konzept der Achtsamkeit mit verschiedenen Sinnen erfahren;
- üben, den Geist zur Ruhe zu bringen; sie werden den Atem als Anker verwenden, um die Aufmerksamkeit auf das Gewahrsein des gegenwärtigen Augenblicks zu richten;
- Strategien entwickeln, wie sie in dieser Zeit der Ruhe mit Ablenkungen umgehen können.

Bitte beachten Sie
- Die Gedanken, Gefühle und Empfindungen, die bei einer Achtsamkeitsübung aufkommen, gelten nicht als Störungen oder Ablenkungen. Sie werden urteilsfrei willkommen geheißen und zu einem Teil der Erfahrung.

Übungen für Kinder von 8 bis 11 Jahren

- Kinder können lernen, den Atem zu ihrem Anker oder Ausgangspunkt zu machen. Manchmal treiben ihre Gedanken wie Schiffe auf dem Meer umher, und doch können Kinder stets zum Gewahrsein ihres Atems zurückkehren, um ihre Aufmerksamkeit wieder dem gegenwärtigen Augenblick zuzuwenden.
- Bei der Achtsamkeitsübung ist es hilfreich, die kommenden und gehenden Gedanken mit einfachen Worten wie »hören«, »denken« und »fühlen« zu beschreiben. Dies hilft den Kindern, festzustellen, worauf ihre Aufmerksamkeit gerade gerichtet ist, damit sie anschließend zu ihrem Atem zurückkehren können.
- Die Achtsamkeit lässt sich als eine Form der Meditation üben und als gewohnheitsmäßiges Gewahrsein im Alltag pflegen. Demnach können wir uns jeder alltäglichen Aufgabe – zum Beispiel dem Zähneputzen, Anziehen und Essen – mit jener vollen Aufmerksamkeit und Ernsthaftigkeit widmen, die wir in der Achtsamkeitsmeditation üben.

Vorbereitungen

- Erinnern Sie Ihr Kind daran, dass Sie jede Übungszeit mit einer Schweigeminute beginnen möchten. Kündigen Sie an, dass Sie nun die Glocke anschlagen werden. Bitten Sie Ihr Kind, die Augen zu schließen und sie dann wieder zu öffnen sowie die Hand zu heben, wenn es den Ton nicht mehr hören kann. Läuten Sie die Glocke, lauschen Sie dem Klang, und schweigen Sie gemeinsam etwa eine Minute.
- Sie werden die Vorstellung der Achtsamkeit nun im Rahmen von ein paar spielerischen Übungen erkunden, für die wir uns unseres Körpers voll bewusst sein müssen. Erklären Sie Ihrem Kind, dass ihm die nächste Übung helfen wird, seine Gedanken zur Ruhe zu bringen, und dass wir uns besser konzentrieren und aufpassen können, wenn wir ruhig sind. Beginnen Sie diese Übung mit folgenden Worten:

> *Erinnerst du dich noch an unsere vorige Zeit des ruhigen Beisammenseins? Da haben wir gelernt, den Körper zu entspannen. Heute werden wir ein paar Dinge tun, die unseren Geist zur Ruhe bringen und uns helfen, unsere Aufmerksamkeit zu sammeln. Wir werden uns mit der sogenannten »Achtsamkeit« beschäftigen. Das klingt jetzt wie ein großes Wort, aber dahinter steht eine ganz einfache Vorstellung: Achtsamkeit bedeutet, dass man weiß, was man im gegenwärtigen Augenblick fühlt oder denkt, und dass man auf das achtet, was man tut, während man es tut... ohne es zu beurteilen oder sich Sorgen darüber zu machen. Tag für Tag tun wir viele Dinge, ohne wirklich darauf zu achten – vor allem, wenn sie sich regelmäßig wiederholen, wie das Zähneputzen oder das Essen. Sind wir dagegen achtsam, führen wir jede Alltagsbeschäftigung mit unserem ganzen Sein und unserem ganzen Herzen aus. Wenn wir lernen, den Geist zur Ruhe zu bringen, können wir uns besser sammeln, was wiederum unsere Konzentration und unsere Lernfähigkeit erhöht.*

Spielerische Übungen
- Stellen Sie die erste spielerische Übung vor:

> *Ich möchte jetzt ein paar lustige Sachen mit dir ausprobieren. Lass uns herausfinden, wie es sich anfühlt, wenn man achtsam ist und sich wirklich auf die Dinge konzentriert, die man tut, während man sie tut.*

- Im Rahmen der ersten spielerischen Übung wird Ihr Kind versuchen, sich auf den Kopf zu klopfen und sich gleichzeitig kreisförmig den Bauch zu reiben. Das ist eine bekannte Koordinationsübung, und vielleicht haben Sie oder Ihr Kind sich schon einmal daran versucht. Hier geht es allerdings nicht darum, es richtig zu machen, sondern Sie sollen beide einfach wahrnehmen, wie es sich anfühlt, bei diesem Versuch voll und ganz im eigenen Körper und im gegenwärtigen Augenblick präsent zu sein.

> *Lass uns aufstehen und eine spielerische Übung machen: Wir werden versuchen, uns mit der einen Hand auf den Kopf zu klopfen, währen wir uns mit der anderen kreisförmig den Bauch reiben. [Machen Sie es vor.] Hast du das schon einmal ausprobiert? Es klingt ganz einfach, ist aber unter Umständen gar nicht so leicht nachzumachen. Beim Üben achten wir einfach darauf, wie wir uns fühlen, und machen uns keine Sorgen darüber, ob wir es richtig machen oder nicht. Du beginnst mit der Hand, die du nicht zum Schreiben benutzt. (Welche ist das? Wenn du Rechtshänder bist, ist es die linke Hand; wenn du Linkshänder bist, ist es die rechte Hand.) Klopf dir damit mehrmals leicht auf den Kopf. Klopf einfach weiter, und versuche dann, dir mit der anderen Hand kreisförmig den Bauch zu reiben.*

Rechnen Sie mit viel Gelächter, und planen Sie ein paar Anläufe ein, da diese Übung nicht für jeden ganz einfach ist.
- Sobald Ihr Kind die Übung erfolgreich gemeistert hat, können Sie das Niveau steigern. Sie können es bitten, das Ganze auf einem

Bein zu machen. Anschließend können Sie die Übung noch etwas erschweren, indem Sie es bitten, in Zweierschritten zu zählen (1, 3, 5, 7 usw.), während es sich auf den Kopf klopft und den Bauch reibt. Bitten Sie es als Nächstes, in Dreierschritten zu zählen und mit der Zahl zwei zu beginnen (2, 5, 8, 11 usw.).

- Tipp: Fügen Sie nun die einzelnen Aufgaben zusammen, wobei sich Ihr Kind zuerst nur auf den Kopf klopft, dann dabei mit dem Bauchreiben beginnt und anschließend – wenn das problemlos klappt – versucht, gleichzeitig auf einem Bein zu stehen. Zuletzt kann es noch mit dem Zählen beginnen.
- Diskutieren Sie kurz, wie Ihr Kind diese Erfahrung empfunden hat:

Wie hat dir das Spiel gefallen? Wie schwer oder leicht war es für dich?

- Versuchen Sie sich nun an einer zweiten spielerischen Übung. Sie wird Ihrem Kind helfen, seine ganze Aufmerksamkeit auf die zu lösende Aufgabe zu richten und allmählich zu erkennen, dass ihm so manches Mal mehr Erfolg beschieden ist, wenn es eine Sache langsam angeht, als wenn es besonders schnell damit fertig werden will. Nehmen Sie die beiden bereitgelegten Bücher mit den glatten Umschlägen zur Hand.

Wir wollen uns nun mit einer neuen spielerischen Aufgabe befassen: Versuche einmal, diese beiden Bücher auf dem Kopf zu balancieren, während du durchs Zimmer gehst. Ich möchte, dass du es bis zur anderen Seite schaffst, ohne dass die Bücher runterfallen. Bist du bereit?

Legen Sie die beiden Bücher auf den Kopf Ihres Kindes, und lassen Sie es losgehen. Es kann eine Weile dauern, bis Ihrem Kind klar wird, dass es leichter zum Erfolg kommt, wenn es langsamer und achtsamer geht.
Fragen Sie:

> *Fällt dir etwas ein, was du anders machen könntest?*

- Wenn Ihr Kind diese Aufgabe erfolgreich gemeistert hat, können Sie über die beiden Übungen sprechen.

> *Wie hat es sich angefühlt, die Bücher beim Gehen auf dem Kopf zu balancieren? Was hat es leichter gemacht? Wie war das, als du dir auf den Kopf geklopft und dir den Bauch gerieben hast? Was können wir aus den beiden Erfahrungen, die wir gerade gemacht haben, dafür lernen, wie wir auch unsere Alltagsaufgaben besser anpacken?*

Lassen Sie auch Ihre eigenen Einsichten in die Diskussion einfließen.
- Stellen Sie die nächste Übung vor:

> *Achtsam sein bedeutet, dass man einer Sache seine ganze Aufmerksamkeit schenkt. Bei diesen Übungen mussten wir uns ganz auf die zu lösende Aufgabe konzentrieren – sowohl bei dem Versuch, gleichzeitig zu klopfen und zu reiben, als auch beim Balancieren der Bücher. Wir haben aufmerksam wahrgenommen, wie sich unser Körper bewegt,*

und haben ganz genau aufgepasst, was wir in diesem Augenblick taten und dachten.

Achtsam eine Rosine essen

- Kündigen Sie an, dass Sie noch etwas anderes ausprobieren werden, bei dem man gut aufpassen muss. Sie und Ihr Kind werden nun zwei Rosinen essen – aber ganz anders, als Sie das kennen. Sie werden sie ganz langsam – wie in Zeitlupe – essen, um festzustellen, wie es sich anfühlt, wenn man beim Essen achtsam ist.
- Legen Sie je zwei Rosinen für sich und Ihr Kind auf einen Pappteller oder eine Serviette. Bitten Sie Ihr Kind, eine davon zu essen, ehe Sie fortfahren. Sagen Sie:

   Ich habe hier diese Rosinen und möchte, dass du eine davon probierst, bevor wir mit der Übung anfangen.

   Essen Sie auch selber eine Rosine.
- Bitten Sie Ihr Kind nun, der zweiten Rosine seine gesamte Aufmerksamkeit zu schenken. Fordern Sie es auf, die Rosine zunächst sorgfältig zu betrachten. Anschließend darf es sie berühren, aber noch nicht in den Mund stecken. Nachdem es die Rosine ein paar Minuten lang schweigend betrachtet und betastet hat, bitten Sie Ihr Kind, sie mit eigenen Worten zu beschreiben:

   Mit welchen Worten lässt sich deine Rosine beschreiben? Welche Farbe hat sie? Wie groß ist sie? Ist sie weich oder hart? Was fällt dir noch auf?

- Bitten Sie Ihr Kind nun, die Rosine in die Hand zu nehmen, in den Mund zu stecken und zu essen. Sagen Sie:

> *Heb die Hand mit der Rosine in Zeitlupe zum Mund, leg die Rosine auf die Zunge, und behalte Sie eine Weile im Mund, ohne zu kauen. Vielleicht möchtest du ja die Augen schließen und sie einfach mit der Zunge betasten, während du sie ein wenig im Mund herumschiebst. [Warten Sie zehn Sekunden.] Beiß nun langsam hinein, und nimm den Geschmack der Rosine wirklich wahr. Spüre deine Zunge und deine Zähne, während du langsam weiterkaust. Achte auf das, was mit der Rosine passiert. Auf welcher Seite des Mundes kaust du? Schluck sie nun langsam hinunter.*

Essen auch Sie Ihre zweite Rosine im Zeitlupentempo.
- Fragen Sie:

    > *Wie war das? Was ist dir aufgefallen? Gab es irgendwelche Überraschungen? War es einfach oder schwierig? Warum?*

Teilen auch Sie Ihre Einsichten mit.

ÜBEN MIT DER CD

(Legen Sie die CD ein, und stellen Sie den CD-Spieler auf die vierte Übung »Konzentration für Kinder von 8 bis 11 Jahren« ein.)

- Kündigen Sie die Übung »Konzentration und Achtsamkeit« an

> *Bis jetzt haben wir verschiedene Möglichkeiten der Achtsamkeit kennengelernt. Nun werden wir zum zweiten Mal die CD anhören, auf der uns Frau Dressler – die nette Frau, die du schon kennst – erneut durch eine Übung führen wird, mit der wir unseren Geist zur Ruhe bringen und unseren Körper entspannen können. Dieses Mal werden wir ruhig auf unseren Stühlen sitzen bleiben und einfach wahrnehmen, was wir die ganze Zeit über denken und fühlen. Frau Dressler wird uns erklären, wie wir mithilfe unseres Atems unsere Aufmerksamkeit sammeln können.*

Falls Sie die Stressmesspunkte (»Biodots«) verwenden möchten, können Sie folgende Fragen stellen:

> *Möchtest du dir während der Übung einen Stressmesspunkt oder »Biodot« aufkleben? Was meinst du, welche Farbe er haben wird? Lass uns mal sehen.*

- Falls gewünscht, kleben Sie sich und Ihrem Kind je einen Stressmesspunkt auf. Machen Sie es sich auf Ihren Stühlen bequem. Mit oder ohne Stressmesspunkt können Sie dann fragen:

> *Meinst du, wir können jetzt die CD einschalten?*

- Spielen Sie die vierte Übung auf der CD ab.

Konzentration und Achtsamkeit
Für Kinder von 8 bis 11 Jahren; Spielzeit 11:33 Minuten
Hier der Text der CD:

> *Bei dieser Übung zur Beruhigung des Geistes und Entspannung des Körpers werden wir unsere Aufmerksamkeit schulen, indem wir unsere volle Konzentration auf das gegenwärtige Geschehen richten. Dies wird Achtsamkeit genannt – man ist sich der Dinge bewusst, die in einem selbst und um einen herum geschehen, ohne sie zu beurteilen oder sich darüber Sorgen zu machen. Gleich werden wir die Augen schließen und anfangen, unseren Atem zu beobachten.*
>
> *Der Atem kann wie ein Anker für dich sein. Du weißt vielleicht, dass ein Anker ein Schiff sicher hält und dafür sorgt, dass es an Ort und Stelle bleibt und nicht aufs Meer hinaustreibt. Deine Gedanken und Gefühle können wie Schiffe auf dem Meer in verschiedene Richtungen treiben, doch der Atem kann dir stets als Anker dienen und deine Aufmerksamkeit wieder in die Gegenwart zurückholen.*
>
> *Mach es dir auf deinem Stuhl bequem. Die Füße stehen flach auf dem Boden, die Beine werden nicht übereinander geschlagen. Stell dir vor, dass ein mit Gas gefüllter Luftballon mit einem unsichtbaren Faden an der Oberseite deines Kopfes befestigt ist… Dein Kopf und dein Rücken sind gerade… Deine Arme und Schultern sind entspannt… Deine Hände liegen locker in deinem Schoß.*

Schließ die Augen, und konzentrier dich auf deinen Atem. Lass ihn mühelos ein- und ausströmen... Versuche nicht, ihn zu kontrollieren. Atme ganz normal. Achte auf die Stelle, an der die Luft in deinen Körper fließt. Strömt sie durch den Mund? Oder die Nase? Und wo verlässt sie ihn wieder? Achte während des Ein- und Ausatmens darauf, wie sich deine Brust und dein Bauch beim Einatmen ausdehnen und beim Ausatmen wieder zusammenziehen.

Ein... [5 Sekunden Pause] und aus [5 Sekunden Pause] ... ein... [5 Sekunden Pause] und aus [5 Sekunden Pause] ... ein – atme tief ein, und füll deine Brust und deinen Bauch... und aus – lass die Luft herausfließen, und spüre, wie sich dein Bauch und deine Brust senken... Atme einfach normal weiter... Nimm dir nur ein wenig Zeit, um auf deinen Atem zu achten. Beim Einatmen kannst du im Geiste zu dir sagen: »Ein...« und beim Ausatmen sagst du im Stillen zu dir: »Aus...« [15 Sekunden Pause].

Und wenn du feststellst, dass deine Gedanken abwandern, was leicht passieren kann, dann nimm ruhig wahr, was deine Aufmerksamkeit fesselt... Handelt es sich um ein Geräusch im Zimmer?... Oder eine körperliche Empfindung?... Wenn du merkst, dass du dich von deinem Atem abgewandt hast, dann achte einfach darauf, wohin deine Gedanken treiben... Du kannst versuchen, das, was dir in den Kopf kommt, zu benennen... Wenn du zum Beispiel ein Geräusch hörst, kannst du im

Stillen zu dir sagen: »*Geräusch…*«, *ohne darüber nachzudenken, was dieses Geräusch verursacht.*

Nun konzentrieren wir uns absichtlich ein wenig auf die Geräusche, die in diesem Augenblick im Zimmer zu hören sind – die nahen und die etwas weiter entfernten. Jedes Mal, wenn du etwas hörst… ganz gleich was es ist… benennst du das Geschehen, indem du still zu dir sagst: »*Geräusch…*« *Spitz nun deine Ohren… und jedes Mal, wenn du etwas hörst, sagst du zu dir:* »*Geräusch*«, *und richtest die Aufmerksamkeit wieder auf deinen Atem: ein… aus… ein… aus…*
[Lange Pause.]

Denk daran, du musst nicht unbedingt herausfinden können, was du gerade hörst. Sag dir einfach: »*Geräusch*« *und kehre zu deinem Atem zurück: ein… aus… ein… aus…*

Konzentrier dich auf deinen Atem, und nimm gleichzeitig wahr, ob sich noch andere Gedanken oder Gefühle in deinem Kopf tummeln. Achte darauf, und frage dich: »*Wie fühle ich mich in diesem Augenblick?* [10 Sekunden Pause] *Zieht ein bestimmter Teil des Körpers meine Aufmerksamkeit auf sich?* [20 Sekunden Pause] *Nehme ich das Kommen und Gehen meiner Gedanken wahr?*«
[20 Sekunden Pause]

Sobald du merkst, dass du dich von deinem Atem abgewandt hast, benennst du das, was du tust, zum Beispiel hören, und kehrst zur Betrachtung deines Atems zurück: ein… aus… ein… aus…

Wenn du also einen Gedanken oder ein Gefühl

in deinem Kopf entdeckst, benennst du einfach, was in dir vorgeht. Verwende Bezeichnungen wie »Tagträume« oder »Gedanken«... und kehr zu deinem Atem zurück, während die Luft ein-... und ausströmt... und ein... und aus... [20 Sekunden Pause].

Werde dir allmählich des Stuhls bewusst, auf dem du sitzt, und deiner Füße, die auf dem Boden stehen. Wackle vorsichtig mit Fingern und Zehen... Öffne langsam die Augen, und nimm wahr, wie du dich gerade fühlst.

Du kannst dich nicht nur mit geschlossenen Augen in Achtsamkeit üben, sondern viele Dinge achtsam tun. Es bedeutet einfach, dass du deine volle Aufmerksamkeit auf das richtest, was im Augenblick geschieht. Du kannst sogar die Zähne achtsam putzen.

Danke, dass du das mit mir ausprobiert hast.

NACH DEM ANHÖREN DER CD

Das weitere Vorgehen

- Sprechen Sie mit Ihrem Kind darüber, wie Sie beide diese Achtsamkeitserfahrung erlebt haben. Im Rahmen der Nachbesprechung können Sie folgende Fragen stellen:

> *Was hast du gehört, als wir gebeten wurden, auf die Geräusche in unserer Umgebung zu achten? Wie schwer oder leicht ist es dir gefallen, bei jedem Laut im Stillen zu dir zu sagen: »Geräusch«?*

> *Was ist passiert, als du auf deine Gefühle und auf deinen Körper achten solltest? Welcher Teil deines Körpers hat sich bemerkbar gemacht?*
> *Ist es dir leicht- oder schwergefallen, immer wieder zu deinem Atem zurückzukehren?*

Fassen Sie alle Kommentare und Erkenntnisse zusammen, und sprechen Sie auch über Ihre eigenen Erlebnisse.

- Nehmen Sie nun die Meditationstagebücher heraus, und erinnern Sie Ihr Kind daran, dass Ihnen diese besonderen Hefte die Möglichkeit bieten, sich an das gemeinsam Gelernte zu erinnern.

> *Lass uns das, was wir heute erlebt haben, kurz aufmalen, aufzeichnen oder aufschreiben. Ich habe mir überlegt, dass jeder von uns seine heutige Lieblingsübung in einer Zeichnung oder mit Worten festhalten könnte – genau wie das, was ihm heute leicht- und was ihm schwergefallen ist.*

- Sprechen Sie darüber, welche Möglichkeiten es gibt, alltägliche Dinge achtsam oder mit großer Aufmerksamkeit zu erledigen. Bitten Sie Ihr Kind, sich eine Sache zu überlegen, die es noch am selben Abend vor dem Schlafengehen tun wird und die es auch achtsam ausführen könnte, z.B. das Zähneputzen. Fragen Sie:

> *Möchtest du diese Übung irgendwann einmal wiederholen? Fällt dir eine Sache ein, die wir heute Abend vor dem Schlafengehen achtsam tun könnten?*

- Läuten Sie schließlich die Glocke, und bitten Sie Ihr Kind, mit geschlossenen Augen zu lauschen und erst die Augen zu öffnen und die Hand zu heben, wenn es den Ton nicht mehr hört. Danken Sie ihm für diese besondere Zeit des Beisammenseins.

Üben im Alltag

- Das Ausmalen von Bildern kann auf Kinder dieses Alters sehr beruhigend wirken. Versuchen Sie es doch einmal mit einem der für diese Altersstufe geeigneten Mandala-Malbücher (siehe Liste der Übungsmaterialien im Anhang). Mandalas sind geometrische oder symbolische Muster, die für gewöhnlich die Form eines Kreises haben. Das Ausmalen dieser Symbole fördert die Konzentration und Achtsamkeit.
- Machen Sie draußen in der Natur einen Achtsamkeitsspaziergang mit Ihrem Kind. Planen Sie eine gewisse Zeit ein, in der Sie schweigend spazieren gehen und einfach wahrnehmen, was Sie entlang des Weges sehen, hören und riechen. Beim ersten derartigen Naturspaziergang hilft es, die Aufmerksamkeit des Kindes auf den gegenwärtigen Augenblick zu lenken. Entscheiden Sie sich deshalb gemeinsam für eine Sache, auf die Sie besonders achten wollen. Je nach Jahreszeit könnten das zum Beispiel Spinnweben, Blumen, Vögel, Marienkäfer oder etwas anderes sein. Schlagen Sie vor, schweigend spazieren zu gehen. Aber wenn einer von Ihnen die gesuchte Sache entdeckt, darf er mit dem Finger darauf zeigen.
- Eine weitere Naturerfahrung, für die schon ein unbebautes Grundstück genügt, ist die sogenannte »Miniwanderung«. Geben Sie Ihrem Kind ein etwa vier Meter langes Stück Seil und eine Lupe. Sie können diese Übung getrennt voneinander machen, jeder mit eigenem Seil und Lupe. Spannen Sie das Seil an einer beliebigen Stelle über den Boden. Achten Sie nun auf alles, was Sie sehen, wäh-

rend Sie die Augen nicht mehr als etwa 30 Zentimeter vom Boden heben und langsam am Seil entlangkriechen. Wenn jeder von Ihnen das Ende seines Seils erreicht hat, sprechen Sie mit Ihrem Kind über Ihre Entdeckungen. Anschließend können Sie die Miniwanderungen tauschen.[4]

- Betrachten Sie die Übergangsphasen im Laufe des Tages als besondere Gelegenheiten, um das Tempo abzubremsen und eine Achtsamkeitspause einzulegen. Bauen Sie beispielsweise vor der Schule ein regelmäßiges Ritual ein: Kommen Sie mit Ihrem Kind kurz zur Ruhe, und vertrauen Sie einander im Anschluss vielleicht sogar eine Ihrer Hoffnungen und Wünsche für den kommenden Tag an. Falls Ihr Kind zu Fuß zur Schule geht, kann es einen Teil des Weges schweigend zurücklegen und sich dabei auf jeden Schritt und jede Empfindung konzentrieren.

- Während eines hektischen Tages mit den Kindern kann es schnell passieren, dass wir die Gegenwart des anderen nicht wirklich wahrnehmen. Wenn Ihr Kind Ihnen das nächste Mal etwas von seinen Erlebnissen erzählt oder ins Spiel vertieft ist oder einfach nur auf Ihrem Schoß oder neben Ihnen sitzt, dann gönnen Sie sich eine Achtsamkeitspause. Halten Sie inne, und seien Sie für alles gegenwärtig, was Sie über diesen Menschen lernen können, der Ihr Kind ist.

ZEIT FÜR GESCHICHTEN

Lesen Sie gemeinsam das Buch *Das Herz des Piraten* von Benno Pludra. Darin erzählt der Autor die Geschichte von Jessica, genannt Jessi, die mit ihrer Mutter Elise in einem Dorf irgendwo am Meer lebt. Einen Vater hat sie nicht. Sie hat ihn nie kennengelernt, den Zirkusartisten Jakko auf dem weißen Pferd; plötzlich war er weg. Das ganze Dorf weiß das längst, aber Jessi ist keine, die darüber redet – bis sie am Meer den Stein findet, den einzigen, ganz und gar lebenswichtigen Stein, mit dem sie reden kann und der ihr so warm in der Hand liegt…

Stellen Sie das Buch mit folgenden Worten vor:

> *Ich habe hier ein Buch, das ich mit dir lesen möchte. Es heißt* Das Herz des Piraten *und handelt von dem Mädchen Jessica, das am Meer lebt. Jessi sehnt sich nach ihrem Vater, den sie nie kennengelernt hat. Ein Stein, den sie am Strand findet, wird ihr Gesprächspartner, der ihr fantastische Geschichten erzählt. Es ist offenbar ein ganz besonderer Stein. Hast du schon einmal einen Stein aufgehoben und mit nach Hause genommen, weil er etwas Besonderes für dich war? Wo war das?*

Lesen Sie das Buch abwechselnd laut vor.

Nach der Lektüre des Buches können Sie einen Spaziergang mit Ihrem Kind machen und selbst nach einem ganz besonderen Stein suchen. Das sollte schweigend geschehen, damit jeder von Ihnen die Möglichkeit hat, voll konzentriert den richtigen Stein auszuwählen. Fragen Sie anschließend:

> *Erzähl mir etwas über den Stein, den du dir ausgesucht hast. Was macht ihn für dich besonders? Woran erinnert er dich und was erzählt er dir?*

Sagen auch Sie, was das Besondere an Ihrem Stein ist, woran er Sie erinnert und was er Ihnen erzählt.

Ein gutes Buch zum Vorlesen ist auch *Der Weg ins Glück* von Bernard Benson. Es handelt von zwei kleinen Kindern, die beim Spielen auf einen ihnen unbekannten Pfad stoßen und ihm folgen. Unterwegs begegnen sie allerlei merkwürdigen Menschen und Begebenheiten und erfahren gleichnishaft, dass man das Glück nur in sich selbst finden kann und nur, wenn man die richtigen Voraussetzungen mitbringt: Neugier, Offenheit und die Bereitschaft zu staunen… Im Anschluss sollten Sie gemeinsam über die Erlebnisse der Kinder nachdenken und über folgende Fragen miteinander reden: »Wir erleben nun schon seit einer Weile besondere Zeiten des ruhigen Beisammenseins. Gab es in dieser Zeit Momente, in denen wir etwas Ähnliches erfahren haben wie die Kinder in dem Buch? Und was bedeutet für uns das Glück – für dich und für mich?«

Kapitel 5
Übungen für Kinder ab 12 Jahren

Besonderheiten in der Entwicklung von Kindern ab 12 Jahren

Wenn es ein Wort gibt, das für die Pubertät typisch ist, dann ist es der Begriff »Veränderung«. Heranwachsende verändern sich sehr schnell – emotional, körperlich, intellektuell, gesellschaftlich und spirituell. Kern dieser Metamorphose ist es, dass der junge Mensch allmählich ein Gefühl für sein im Entstehen begriffenes erwachsenes Selbst entwickelt und sich immer weniger als Kind sieht. Dieser Wandel gehört zum Erwachsenwerden, und jeder von uns muss ihn bewältigen. Trotzdem belastet nichts den jungen Menschen und seine Eltern so sehr und stellt so hohe Anforderungen an sie wie die Pubertät. Zugleich bietet keine andere Entwicklungsstufe die gleichen Chancen oder vermittelt das gleiche Gefühl von Vorfreude und unbegrenzten Möglichkeiten.

Im Leben von Heranwachsenden gibt es zahlreiche Stressfaktoren. Während sich ihr Körper auf verwirrende Art und Weise verändert, verunsichert sie das Urteil anderer – besonders das von Gleichaltrigen, das unter Umständen nicht immer gnädig ausfällt. Darüber hinaus messen sie sich an den Idealen einer Kultur, die häufig unrealistische Maßstäbe bezüglich des Aussehens und der Leistung setzt. Hinzu kommt der verwirrende Druck, sich anpassen zu müssen. Dabei geht es oft um ungewohnte Verhaltensweisen, die zwar zum Leben eines Erwachsenen gehören können, deren Konsequenzen sie aber unter Umständen noch nicht ganz abschätzen können.

Heranwachsende erleben eine Achterbahn der Gefühle, da können Beruhigungsübungen sehr hilfreich sein. Sie müssen sich immer besser konzentrieren können und sollten in der Lage sein, mit ihren Gefühlen ins Reine zu kommen. Zudem haben junge Menschen in diesem Alter ein starkes Bedürfnis nach körperlicher Entspannung – ausgerechnet dann, wenn unsere Schulen und unsere Kultur von ihnen verlangen, im Unterricht noch länger stillzusitzen, und sie immer weniger Zeit für sich haben.

In der Pubertät leben die Jugendlichen in einer Welt, die nicht mehr von den Erwachsenen, sondern von ihren Altersgenossen definiert wird. Sie stoßen uns weg, obwohl sie die Führung und das Verständnis der wichtigsten Bezugspersonen in ihrem Leben immer noch brauchen, um sich in dieser unruhigen Phase zurechtzufinden. Zudem benötigen junge Menschen Zeit, in der sie über sich selbst nachdenken, in sich gehen und ein eigenes Gefühl für den Sinn und Zweck ihres Lebens entwickeln können. Diese Sehnsucht ist ein fester Bestandteil dieser Entwicklungsphase. Indem Sie ihnen die hier vorgeschlagenen Beruhigungstechniken vermitteln und ihnen dabei Begleiter und Führer sind, bieten Sie Ihren Kindern jene wichtigen Fähigkeiten und Chancen, die sie brauchen, um mit den vielen Stressfaktoren in ihrem Leben fertig zu werden.

Was Sie über diese Altersgruppe wissen sollten

- In der Pubertät haben Jugendliche ein starkes Bedürfnis nach jener Art von Selbstbestimmung, die sie mit dem Erwachsensein verbinden. Sie brauchen ihre eigene klare Begründung und Motivation, um die Übungen zu machen – keine von außen vorgegebenen Gründe, wie ihre Eltern sie liefern. Schaffen Sie Gelegenheiten, um über den Nutzen der Übungen zu sprechen, der von einer Verbesserung der sozialen Fähigkeiten bis hin zu einem Zuwachs an Selbstvertrauen reicht. Leben Sie die Fertigkeiten vor, bauen Sie Rituale in Ihr Familienleben ein, und überlassen Sie Ihrem Kind die Entscheidung, ob es den auf der CD präsentierten Techniken eine Chance geben will. Schlagen Sie vor, die Übungen auszuprobieren, und lösen Sie sich von Ihren Vorstellungen, was letzten Endes dabei herauskommen soll.

- Das Selbstwertgefühl junger Menschen kann in diesem Alter sehr zerbrechlich sein. Geben Sie Ihrem Kind deshalb reichlich Zeit, Gelegenheit und Unterstützung, um diese Fähigkeiten zu erlernen und zu meistern. Eine der wichtigsten Möglichkeiten, wie Kinder dieses Alters ihr Selbstwertgefühl steigern können, liegt darin, neue Fähigkeiten zu meistern. Finden Sie einen Ansatz, bei dem der Erfolg vorprogrammiert ist. Sonst könnte es geschehen, dass Ihr Kind die ganze Sache ablehnt, weil es findet, dass sie der Mühe nicht wert ist.
- Junge Menschen haben in diesem Alter das starke Bedürfnis, dazuzugehören. Falls Ihr Kind Interesse an den Übungen hat, können Sie ihm vorschlagen, einen Freund zu fragen, ob er einige dieser Techniken mit ihm ausprobieren möchte.
- Junge Menschen sind äußerst sensibel und halten bei Erwachsenen Ausschau nach Anzeichen von Heuchelei. Sie reagieren positiv, wenn Sie ihnen ein Vorbild sind, indem Sie die Techniken in Ihr eigenes Leben integrieren. Gleichzeitig ist es für Jugendliche sehr wichtig, selbst entscheiden zu können, ob sie es versuchen möchten.
- Da die körperlichen Veränderungen pubertierende Jugendliche sehr verunsichern (was sich unterschiedlich stark auf ihr Selbstwertgefühl auswirken kann), sollten Sie versuchen, weder die körperliche Haltung Ihres Kindes zu erwähnen noch darüber zu sprechen, wie der Stress sein körperliches Erscheinungsbild verändert – auch wenn Sie damit nur helfen möchten. Falls sich Ihnen allerdings die Gelegenheit bietet, aus Ihrer eigenen Erfahrung mit der CD zu be-

richten, sollten Sie das ohne Scheu tun. Derartige Unterhaltungen können Interesse wecken.

- Unterstützen Sie Ihr Kind dabei, Momente zu finden, in denen es über sich selbst nachdenken kann. Geben Sie ihm die Zeit, die Privatsphäre und die Autonomie, die es dafür unter Umständen braucht. Die in der Tabelle auf Seite 171–172 aufgelisteten »Ideen für den Stressabbau« können ihm helfen, sein Repertoire an Möglichkeiten zu erweitern.
- Rituale, welche die wachsende Unabhängigkeit und den Übergang der Jugendlichen ins Erwachsenenleben betonen, lassen Heranwachsende aufblühen. Finden Sie einfache Möglichkeiten, wie Sie Ihrer Anerkennung darüber Ausdruck verleihen können, dass Ihr Kind die vermittelten Techniken beherrscht. Manchmal sind Symbole aus der Natur oder ein ganz besonderer gemeinsamer Ausflug genau das Richtige, um die Verinnerlichung dieser Fertigkeiten und die wachsende Unabhängigkeit Ihres Kindes zu feiern.

Da junge Menschen in diesem Alter große Anführer und Problemlöser sind, können sie kleineren Kindern, die diese Fähigkeiten erst noch lernen müssen, als Mentoren oder Führer dienen – vor allem dann, wenn es in Ihrer Familie Kinder verschiedener Altersstufen gibt.

※ **ÜBUNG**

Progressive Muskelentspannung und Body-Scan

Dies ist das fünfte Stück auf der CD.

Diese Übung wird die Kinder mit der Vorstellung vertraut machen, dass Sie von nun an regelmäßig eine gewisse Zeit des ruhigen Beisammenseins mit ihnen verbringen werden. Das soll ihnen helfen, ihren Geist zur Ruhe zu bringen und ihren Körper zu entspannen. Sie werden vergleichen, wie sie sich im entspannten Zustand und wie sie sich unter Druck fühlen, und sie werden die »Stressreaktion« ihres Körpers besser verstehen lernen. Zum Abbau der in ihrem Körper gespeicherten Anspannung werden sie drei Techniken erlernen: die tiefe Bauchatmung oder Zwerchfellatmung, die progressive Muskelentspannung und den Body-Scan. Benutzen Sie einen Luftballon als Anschauungsobjekt, um Ihrem Kind beim Üben der tiefen Zwerchfellatmung zu helfen. Wenn Sie möchten, können Sie es auch mit den Stressmesspunkten (»Biodots«) bekannt machen. Sie können ihm damit helfen, sich seines Stressniveaus bewusst zu werden. Nachdem Sie die geführte Übung auf der CD gemacht haben, bei der die Muskeln angespannt und wieder entspannt werden und der Körper im »Body-Scan« Schritt für Schritt durchgegangen wird, können Sie die »Meditationstagebücher« einführen. Sie bieten Ihnen und Ihrem Kind die Möglichkeit, regelmäßig die eigenen Gefühle bezüglich Ihrer Erfahrungen künstlerisch, mit Worten oder auch auf andere Weise zu erkunden.

VOR DEM ANHÖREN DER CD

Sie brauchen
- ❏ Glocke, Klangschale oder Klangstab (siehe Liste der Übungsmaterialien im Anhang)
- ❏ Luftballon
- ❏ Eine Kopie der Checkliste »Wie fühle ich mich unter Stress?« auf Seite 147 und einen Stift
- ❏ Dieses Buch
- ❏ Einen CD-Spieler und die beigefügte CD

❑ Stressmesspunkte (»Biodots«, optional, siehe Liste der Übungsmaterialien)
❑ Zwei Meditationstagebücher: eines für Sie und eines für Ihr Kind. (Sie können mit Papier, Stiften, Wachsmalkreiden und/oder bunten Filzstiften sowie Garn oder Bändern eigene Tagebücher basteln oder fertige Notizbücher kaufen.)
❑ Eine Zeit der Ruhe und einen friedlichen Ort, an dem Sie mit Ihrem Kind sitzen und sich gegebenenfalls auch problemlos hinlegen können

Benötigte Zeit: 35 Minuten

Vermittelte Vorstellungen und Fähigkeiten

Die Kinder werden:
- vergleichen, wie sich ihr Körper im ruhigen und im gestressten Zustand anfühlt;
- üben, ihn mithilfe der tiefen Bauchatmung zu entspannen;
- Stress als die Reaktion des Körpers auf eine Situation erkennen, die er als Notfall empfindet;
- die Situationen identifizieren, die eine Stressreaktion bei ihnen auslösen;
- erleben, wie sie ihren Körper mithilfe der progressiven Muskelentspannung und des Body-Scans lockern können.

Bitte beachten Sie
- Die tiefe Bauchatmung oder Zwerchfellatmung ist eine der einfachsten und besten Möglichkeiten, Anspannung und aufgestauten Stress aufzulösen.
- Damit Spannungen durch das progressive Anspannen und Entspannen der Muskeln gelöst werden können, muss die Anspannung in den betreffenden Körperteilen ein paar Sekunden lang gehalten

werden. Anschließend sollten die angespannten Muskelpartien eher schnell als langsam wieder gelockert werden.

Vorbereitungen
- Erklären Sie Ihrem Kind zunächst, was Sie bei der Arbeit mit diesem Buch und dieser CD lernen werden. Sagen Sie zum Beispiel:

> *Seit ein paar Wochen höre ich regelmäßig eine CD, mit deren Hilfe ich neue Möglichkeiten erlerne, wie ich mich selbst beruhigen und den Stress in meinem Leben besser bewältigen kann. Ich frage mich, ob du einmal mitmachen willst.* [Sie können auch fragen, ob Ihr Kind einen Freund zum Mitmachen einladen möchte.] *Ich finde es sehr wichtig zu lernen, wie ich bei Bedarf meinen Geist zur Ruhe bringen und meinen Körper entspannen kann. Ich hätte sehr gern schon in meiner Jugend gelernt, meinen Geist und meinen Körper besser im Griff zu haben. Forscher haben herausgefunden, welche wichtige Rolle der richtige Umgang mit Stress für unsere Gesundheit spielt, und je früher wir ein paar Methoden zur Stressbewältigung erlernen, desto besser ist das für uns. Die Forscher sehen verschiedene Vorteile in einem erfolgreichen Umgang mit Stress. So kann sich zum Beispiel unsere Aufmerksamkeit und damit auch unsere Konzentration verbessern. Dann können wir uns all jene Dinge leichter merken, die wir wissen müssen, etwa wenn wir eine Prüfung haben. Wir können sogar bessere Entscheidungen treffen, können kreativer und natürlich gesünder und glücklicher*

werden. Viele Erwachsene werden krank und müssen zum Arzt gehen, weil sie nicht rechtzeitig gelernt haben, richtig mit Stress umzugehen.[1]

Wärst du bereit, das mit mir auszuprobieren? Zur Vorbereitung auf die CD möchte ich zunächst über ein paar Dinge sprechen, mit denen die CD uns vertraut machen wird. Anschließend hören wir sie gemeinsam an und probieren die Beruhigungsübung aus. Danach können wir uns noch ein wenig Zeit nehmen, um über unsere Erfahrungen zu sprechen. Ich hoffe, dass wir ein paarmal in der Woche eine solche ganz private Zeit des ruhigen Beisammenseins verbringen können. Nach diesem ersten Versuch werden wir sehen, was du davon hältst und ob du weitermachen möchtest.

- Sagen Sie Ihrem Kind, dass Sie diese besondere Zeit des ruhigen Beisammenseins mit einer Schweigeminute beginnen möchten. Dass Sie eine Glocke (o.ä.) läuten und es bitten werden, dem Klang so lange zu lauschen, bis er vollständig verklungen ist. Bitten Sie es, die Hand zu heben, wenn es den Ton nicht mehr hören kann – und erklären Sie, dass Sie das ebenfalls tun werden. Die Stille kann für Ihr Kind ungewohnt sein – und es kann ein Weilchen dauern, bis es sich an die Möglichkeiten gewöhnt hat, die sie ihm bietet.
- Läuten Sie nun die Glocke, lauschen Sie dem Klang, und schweigen Sie gemeinsam etwa eine Minute.
- Bitten Sie Ihr Kind, sich an eine Situation zu erinnern, die es in den letzten Tagen erlebt hat und in der es sehr aufgeregt oder gestresst war:

> *Ich möchte, dass wir nun beide an eine Situation denken, die wir in den letzten Tagen erlebt haben und in der wir sehr gestresst und aufgewühlt waren. Vielleicht hast du dir über irgendetwas Sorgen gemacht oder warst wütend oder ängstlich. Der Grund für deine Aufregung kann eine Person oder auch ein Ort gewesen sein – vielleicht warst du gerade im Bus auf dem Weg zur Schule. Oder du warst in einer bestimmten Situation aufgeregt oder gestresst – zum Beispiel bei einer Prüfung. Lass uns kurz überlegen, ob uns etwas einfällt, was wir einander erzählen können. [Warten Sie kurz.]*
>
> *Fällt dir etwas ein? Wo warst du? Wer war bei dir? Was ist passiert?*

Erzählen auch Sie von einer Situation, in der Sie sich gestresst gefühlt haben, und sprechen Sie darüber.

Sprechen Sie über Stress und seine körperlichen Anzeichen und verwenden Sie dazu die Checkliste »Wie fühle ich mich unter Stress?« auf Seite 147 (als Kopiervorlage auf S. 101).

> *Erinnere dich nun an diese belastende Situation, und beobachte dabei, wie sich dein Körper unter Stress anfühlt. Welche Anzeichen von Stress gibt es?*

- Finden Sie gemeinsam ein paar Symptome, bevor Sie Ihrem Kind die Checkliste »Wie fühle ich mich unter Stress?« zeigen. Entdecken Sie anschließend Gemeinsamkeiten zwischen den eigenen Feststellungen und einigen der Punkte auf der Checkliste. Stellen Sie fest, was bereits erwähnt wurde und woran Sie oder Ihr Kind noch nicht gedacht haben.

- Erklären Sie, dass Geist und Körper unter Stress ganz anders reagieren, dass wir diese Unterschiede manchmal – aber nicht immer – wahrnehmen können und dass jedem Menschen andere Dinge Probleme bereiten.

Wie fühle ich mich unter Stress?
Bitte kreuze alle Punkte an, die beschreiben, wie du dich unter Stress fühlst:
❏ Nervös
❏ Kann nicht still sitzen
❏ Schnelle Atmung
❏ Zittrige Hände
❏ Kalte Hände
❏ Zittrige Knie
❏ Kalte Füße
❏ Herzklopfen
❏ Engegefühl in der Brust
❏ Werde schnell wütend
❏ Mache mir Sorgen um Kleinigkeiten oder habe Angst
❏ Möchte weinen
❏ Trockener Mund
❏ Angespannte Muskeln
❏ Nervöser Magen
❏ Schwitze
❏ Schlafe schlecht ein
❏ Sonstiges _____

- Entwickeln Sie bei Ihrem Kind allmählich ein Verständnis dafür, dass aus einer Belastung erst dann Stress wird, wenn wir sie körperlich spüren und es zu einer physiologischen Reaktion kommt. Erklären Sie:

Stress ist eine Folge dessen, was in unserem Körper geschieht. Gewisse Faktoren – Menschen, Orte oder Ereignisse – werden erst dann zu einer Belastung, wenn der Verstand sie als solche einstuft und der Körper darauf reagiert. Stress ist die Reaktion des Körpers auf bestimmte Anforderungen, die an uns gestellt werden. Diese werden Stressfaktoren genannt.

Eine Situation, in der wir uns gestresst fühlen, spielt sich zunächst außerhalb unseres Körpers ab, das können wieder Personen, Orte oder Ereignisse sein. Wenn wir mit Aufregung oder Anspannung darauf reagieren, bezeichnen wir einen Faktor als »Stressauslöser«. Die Angelegenheit hat einen automatischen Vorgang in unserem Körper ausgelöst, die sogenannte »Stressreaktion«. Wir werden gleich darauf zurückkommen. Was löst bei dir besonders viel Stress aus, was macht dich ziemlich schnell nervös?

Nennen auch Sie einige Ihrer Stressauslöser.

Die Arbeit mit Stressmesspunkten oder »Biodots« (optional)

- Sie können auch mit Stressmesspunkten oder »Biodots« arbeiten, damit Ihr Kind seine körperlichen Reaktionen auf die verschiedenen Belastungsniveaus besser kennenlernen kann. Wir wenden die Stressmesspunkte in unserer Arbeit recht erfolgreich an. Damit geben wir den Kindern die Möglichkeit, sofort zu erfahren, wie stark sie gerade unter Druck stehen. Diese kleinen Klebepunkte sind recht genaue, temperaturempfindliche Hilfsmittel, die die Farbe wechseln, wenn sich die Hauttemperatur verändert. Das funktioniert, weil die Extremitäten, zum Beispiel die Hände, unter Stress erheblich schlechter mit Blut versorgt werden und der Stressmesspunkt auf diese Veränderungen reagiert.

Manchmal wissen wir, ob wir ruhig oder aufgeregt sind, aber manchmal können wir nicht genau sagen, wie wir uns fühlen. Ich möchte dir einen sogenannten Stressmesspunkt oder »Biodot« zeigen. [Kleben Sie einen Punkt auf die Haut der Handrückseite zwischen Daumen und Zeigefinger.]

Dieser kleine Punkt verändert seine Farbe – je nachdem, ob wir innerlich ruhig oder angespannt sind. Stehen wir unter Druck, fühlen sich unsere Hände kalt an, weil nicht mehr so viel Blut durch die kleinen Äderchen – die sogenannten Kapillaren – fließt. Sind wir entspannt, fließt wieder mehr Blut, und unsere Hände werden wärmer. Der Biodot registriert diese Veränderungen in unserem Körper und nimmt dann die entsprechende Farbe an. Manchmal sind wir uns unserer körperlichen Empfindungen bereits bewusst.

Bitten Sie Ihr Kind, sich einen Stressmesspunkt auf die Haut zwischen Daumen und Zeigefinger zu kleben, und machen Sie es ebenso.
- Sehen Sie sich an, welche Farbe Ihre Punkte haben, und vergleichen Sie sie mit der Tabelle des Herstellers:
Violett: sehr ruhig
Blau: ruhig (entspannt und friedlich)
Grün: entspannt (aber nicht so ruhig wie blau)

Beige: beschäftigt (mit einer Tätigkeit wie Arbeit oder Spiel, die man nicht als anstrengend empfindet)
Braun oder *schwarz:* gestresst und sehr gestresst (möglicherweise besorgt, ängstlich oder wütend)
- Erklären Sie, wie sich die Stressmesspunkte in die nächste Übung einbauen lassen:

> *Wir könnten die Biodots aufgeklebt lassen, während wir einige Möglichkeiten kennenlernen, uns zu beruhigen. Dann sehen wir, ob sie sich verfärben. Würde dir das gefallen? Hat dich die Farbe des Punktes überrascht, als du ihn aufgeklebt hast? Oder nicht?*

Über die Stressreaktion
- Erläutern Sie die Gründe für die Reaktion des menschlichen Körpers auf Stress.

> *Erinnerst du dich noch an das, worüber wir gerade gesprochen haben? Daran, wie sich unser Körper und Geist anfühlen, wenn wir unter Stress stehen? Zu diesen Reaktionen kommt es immer dann, wenn wir meinen, es läge eine Art Notfall vor – ob wir es wollen oder nicht. Sie werden als »Stressreaktionen« bezeichnet, durch die man sich auf »kämpfen, fliehen oder erstarren« vorbereitet. Sie laufen automatisch ab, wenn wir glauben, in großer Gefahr zu sein. Was meine ich damit, dass etwas automatisch abläuft?* [Legen Sie eine Diskussionspause ein.]
> *Ja, das bedeutet, dass wir nichts dazutun müs-*

sen. Es geschieht von ganz alleine. Wir werden schon mit der Fähigkeit zur »Stressreaktion« geboren.

Angenommen, du streifst eines Tages durch einen Wald. Plötzlich hörst du Geräusche, und ehe du dich versiehst, wird dir klar, dass dich ein Grizzlybär anstarrt! Versuche, dir das wirklich vorzustellen. Was denkst du, würde jetzt in deinem Kopf und in deinem Körper passieren? [Legen Sie eine Pause für die Antworten ein.]

Dein Herz würde anfangen, schneller zu schlagen, um mehr Sauerstoff in deine Muskeln zu pumpen, damit du schnell handeln kannst. Möglicherweise wird dir schwindelig, und du fängst an zu schwitzen. Alle diese Veränderungen werden von einem einzigen Gedanken in deinem Kopf ausgelöst: Gefahr! Diese Reaktionen helfen dir, dich entweder heftig gegen den Bären zur Wehr zu setzen oder ganz schnell davonzulaufen. In einer solchen Situation könnte dir die in deinem Körper ablaufende Reaktion tatsächlich das Leben retten. Du könntest dich auf einen Kampf oder die Flucht vorbereiten. Oder du erstarrst und rührst dich nicht mehr vom Fleck, um dich so vor der Gefahr zu schützen. Das kann auch passieren, wenn du sehr viel Angst hast. Und plötzlich dreht sich der Bär um und trabt davon, und du kannst einen Seufzer der Erleichterung ausstoßen!

Diese Notreaktion kann in lebensgefährlichen Situationen eine echte Hilfe sein. Wenn du zum Beispiel bei Grün über die Straße gehen willst, aber der näherkommende Wagen nicht anhält und du einen Satz machen musst, um dich in Sicherheit zu bringen und nicht angefahren zu werden. In einem solchen Fall ist es gut, dass es die Stressreaktion gibt. Sie kann dir das Leben retten.

Doch manchmal halten wir etwas für lebensbedrohlich, obwohl es in Wirklichkeit falscher Alarm ist – wie gerade eben, als wir an eine Situation dachten, in der wir uns gestresst fühlten. Manchmal können wir Vorstellung und Wirklichkeit nicht auseinanderhalten, und ohne es wirklich zu wollen, bereiten wir uns auf den äußersten Notfall vor, obwohl keine wirkliche Gefahr droht. Sobald die Stressreaktion anläuft, veranlasst unser Gehirn die Freisetzung der verschiedensten Chemikalien, damit wir genügend Kraft haben, um uns einer gefährlichen Situation zu stellen. Ist die Situation allerdings nicht wirklich gefährlich, schwächen diese Stoffe den Körper, statt ihn zu stärken, und wirken sich allmählich negativ auf unsere Gesundheit aus.

Deshalb nehmen wir uns die Zeit, um zu üben, wie wir unseren Geist beruhigen und unseren Körper entspannen können. So verringern wir die Häufigkeit der Fehlalarme. Wir können lernen, anders auf Stress zu reagieren, und auf diese Weise ein wenig mehr Kontrolle über unsere Gefühle gewinnen.

Führen Sie die Bauchatmung ein[2]

- Erklären Sie Ihrem Kind, wie wichtig es ist, sich des Atems bewusst zu sein, wenn man lernen möchte, trotz der Aufregung den Geist zur Ruhe zu bringen und den Körper zu entspannen. Da wir ganz automatisch atmen, achten wir allerdings nicht weiter darauf. Trotzdem versorgt uns die Atmung mit vielem, was wir brauchen – mit Energie, einem klaren Denken und einer besseren Gesundheit. Wenn wir lernen, mit unserem Atem zu arbeiten, können wir unter Umständen unsere Stimmung beeinflussen oder Stress im Körper abbauen. Fordern Sie Ihr Kind nun auf, sich etwas Zeit zu nehmen, um ein wenig mehr auf seine Atmung zu achten. Bitten Sie es, die folgende Übung zu machen, damit es sich allmählich auf seinen Atem einstellen und mehr darüber erfahren kann.

> *Eine der Möglichkeiten, sich zu entspannen, ist es, tief zu atmen. Da wir normalerweise nicht über unsere Atmung nachdenken, merken wir vielleicht gar nicht, wie flach oder tief wir atmen.*
>
> *Wenn wir atmen, atmen wir nicht immer vollständig durch. Deshalb möchte ich jetzt ein Experiment mit dir machen. Heb deinen Arm ungefähr auf Schulterhöhe, und streck deinen Zeigefinger nach oben, als wolltest du zum Himmel deuten. Bewege ihn nun wie einen Scheibenwischer hin und her. Ungefähr fünfmal.*

Machen Sie es vor, und geben Sie Ihrem Kind ein wenig Zeit, um es selbst zu versuchen.
- Fragen Sie es nun, was bei diesem Experiment mit seiner Atmung passiert ist. Fragen Sie:

> *Was ist dir bei diesem Experiment an deiner Atmung aufgefallen? Hast du überhaupt geatmet? Oder hast du den Atem angehalten? Hat sich dein Bauch bewegt oder nur deine Brust?*

- Es kommt häufig vor, dass man bei diesem Experiment den Atem anhält oder nicht besonders tief atmet. Das ist eine gute Gelegenheit, um zu erklären, dass wir im Laufe des Tages oft nicht so tief atmen, wie wir sollten, um den Körper zu entspannen und den Geist zu sammeln.

> *Im Laufe des Tages wird unsere Atmung von vielen Dingen gestört, sodass wir nicht tief genug durchatmen – ob wir uns dessen nun bewusst sind oder nicht. Wenn wir abgelenkt oder gestresst oder gar aufgeregt sind, füllen wir die Lunge möglicherweise nicht ganz und nehmen nicht so viel Sauerstoff auf, wie wir brauchen, damit unser Körper gesund bleibt.*
>
> [Blasen Sie einen Luftballon etwa zu einem Viertel auf.]
>
> *Ich werde dir mithilfe dieses Luftballons erklären, was ich meine.*
>
> *Wenn wir nicht tief genug atmen, wenn sich nur unsere Brust, nicht aber unser Bauch bewegt, füllen wir die Lunge nur zu einem Viertel ihres gesamten Volumens – wie das bei diesem Ballon hier der Fall ist. Atmen wir dagegen tief durch, füllen wir die ganze Lunge* [blasen Sie den Luftballon ganz auf], *und unser Bauch hebt sich und dehnt sich wie dieser Luftballon in alle Richtungen aus. Wenn unsere Lunge mit Luft gefüllt ist, steht unserem Körper genügend Sauerstoff für alle seine Aufgaben zur Verfügung. Wichtig ist auch, dass wir die ganze verbrauchte Luft wieder ausatmen.*

- Erklären Sie Ihrem Kind: Je mehr Sauerstoff wir mit jedem Atemzug aufnehmen, desto besser ist das für unseren Körper. Es hält uns gesund und schenkt uns die Energie, die wir brauchen. Das gilt auch für das Ausatmen. Beim Ausatmen oder wenn wir die Atemluft wieder ausströmen lassen, setzen wir ein Gas namens Kohlendioxid frei. Je mehr Kohlendioxid wir mit jedem Atemzug abgeben, desto gesünder bleiben wir. Anschließend beginnen wir den Zyklus erneut: Beim Einatmen füllen wir unsere Lunge mit frischer Luft, und beim Ausatmen geben wir verbrauchte Luft in Form von Kohlendioxid ab. Es tut unserem Körper gut, tief zu atmen und immer genug Luft aufzunehmen und abzugeben. Dieser Vorgang hat große Ähnlichkeit mit der Art und Weise, wie wir unseren Körper mit der Nahrung versorgen, die wir zum Leben brauchen.

  Speichern wir allerdings zu viel Stress im Körper, vergessen wir manchmal, richtig zu atmen – vor allem dann, wenn wir älter werden.
- Üben Sie nun gemeinsam das tiefe Durchatmen:

  Wir legen jetzt beide Hände auf den Bauch, atmen tief ein und prüfen, ob der Bauch sich beim Einatmen füllt. Beim Ausatmen der Luft stellen wir fest, ob sich auch der Bauch wieder senkt. Fertig? Ein 1, 2, 3, 4, 5, und aus 1, 2, 3, 4, 5.

  Wenn wir richtig tief einatmen, hebt sich nicht nur unsere Brust, sondern auch unser Bauch.

  Diese Art der Atmung wird als Bauchatmung oder Zwerchfellatmung bezeichnet. Weißt du, wo sich das Zwerchfell befindet? [Legen Sie eine Pause für die Antwort ein.] *Das Zwerchfell ist ein Muskel, der die Lunge von den darunter liegenden Organen wie zum Beispiel dem Magen trennt. Es*

> besteht aus einer dünnen Schicht Muskelfasern, erstreckt sich von vorn bis hinten und von einer Seite zur anderen und hat die Form einer Kuppel. Beim Einatmen wird es flacher und strafft sich. Beim Ausatmen kehrt es in seine entspannte Position zwischen den Lungenflügeln zurück. Wenn wir in den Bauch atmen, verschafft unser Zwerchfell der Lunge mehr Platz, damit sie mehr Luft aufnehmen kann.

- Üben Sie es noch einmal.

  > Machen wir's noch einmal. Du atmest ein, während ich bis fünf zähle: 1, 2, 3, 4, 5.
  > Und aus: 1, 2, 3, 4, 5.

Wiederholen Sie den Atemzyklus noch ein paarmal, bis sich der Bauch Ihres Kindes beim Einatmen hebt und beim Ausatmen senkt. Falls es ihm immer noch nicht gelingt, so tief einzuatmen, dass sich sein Bauch bewegt, können Sie Ihre Hand leicht auf seinen Bauch legen.

ÜBEN MIT DER CD

(Legen Sie die CD ein, und stellen Sie den CD-Spieler auf das sechste Stück, die Übung »Entspannung für Kinder ab 12 Jahren« ein.)

- Erklären Sie Ihrem Kind, dass Sie nun eine CD anhören werden, die Sie beide durch eine Erfahrung körperlicher Entspannung führen wird. Sagen Sie:

In unserer Zeit des ruhigen Beisammenseins werden wir immer auch eine CD mit Übungen von Daniel Goleman anhören. Er wird uns eine Methode vorstellen, wie wir unseren Geist und unseren Körper zur Ruhe bringen können. Die Übungen spricht Frau Dressler für uns. Mit ihrer Hilfe werden wir heute lernen, wie wir uns auf die einzelnen Körperteile konzentrieren können – vom Kopf bis zu den Füßen. Sie wird uns helfen, alle unsere Glieder zu entspannen, damit wir den darin gespeicherten Stress loslassen können.

Sie wird uns bitten, bestimmte Muskelgruppen anzuspannen und sie anschließend wieder zu entspannen. Je mehr wir üben, desto leichter wird es uns fallen, uns bei Bedarf zu beruhigen und zu entspannen. Manchmal haben wir keine Kontrolle über die Dinge oder Menschen in unserer Umgebung, die uns belasten. Aber unsere Reaktion darauf können wir sehr wohl beherrschen. Bist du bereit? Ich werde diese Übung mit dir machen.

Frau Dressler wird uns bitten, uns allmählich der verschiedenen Körperteile bewusst zu werden. Zunächst werden wir die einzelnen Gliedmaßen ganz fest anspannen und die Spannung ein wenig halten. Anschließend werden wir sie ganz schnell wieder lösen. Am Ende der Aufnahme wird Frau Dressler uns bitten, uns ein noch einmal auf unseren Körper zu konzentrieren und unsere Aufmerksamkeit auf verschiedene Körperteile zu richten, ohne die Muskeln anzuspannen. Sie wird uns

> bitten, nur mit unserem Geist zu arbeiten und alle Spannungen zu lösen, die unter Umständen noch in unserem Körper stecken. Aber bevor wir beginnen, legen wir uns gemütlich auf den Boden und machen es uns bequem.

Zeigen Sie Ihrem Kind, was Sie mit dem Anspannen meinen, indem Sie eine Hand zur Faust ballen und bis fünf zählen, sie anschließend schnell wieder entspannen und bis zehn zählen.
- Spielen Sie die fünfte Übung auf der CD ab.

Progressive Muskelentspannung
Für Kinder ab 12 Jahren; Spielzeit 21:33 Minuten
Hier der Text der CD:

> Heute werden wir eine Methode erlernen, unseren Körper zu entspannen und unseren Geist zur Ruhe zu bringen. Bei der Beruhigungsübung, die wir heute machen wollen, spannen und entspannen wir die verschiedenen Muskelgruppen des Körpers. Wir werden auch anfangen, ein wenig genauer darauf zu achten, welche Körperteile sich lockerer anfühlen und wo die Anspannung am größten ist. Mithilfe dieser Übung werden wir lernen, die verschiedenen Teile des Körpers zu entspannen, damit wir Muskelverspannungen beseitigen können, wenn wir das Bedürfnis danach verspüren. Diese Methode heißt progressive Muskelentspannung oder auch Body-Scan. Progressiv bedeutet, dass wir nacheinander den ganzen Körper durchgehen. Dabei nehmen wir die einzelnen Körperteile wahr,

gehen von einem zum nächsten über, spannen und entspannen alle Muskelgruppen.

Nach dem Anspannen und Entspannen der Muskeln werden wir den Körper ein letztes Mal durchgehen. Dabei achten wir darauf, wie sich die einzelnen Körperteile anfühlen, wo wir bereits locker sind und wo wir uns noch mehr entspannen müssen. Das ist der Übungsabschnitt, in dem wir unseren Körper scannen. Deshalb wird er auch als Body-Scan bezeichnet.

Machen wir uns bereit.

Leg dich bequem auf den Rücken. Lockere alle Kleidungsstücke, die sich zu eng anfühlen. Du kannst auch die Schuhe ausziehen. Fang nun einfach an, dich zu entspannen – die Arme liegen neben dem Körper, die Beine sind ausgestreckt. Schließ locker die Augen.

Atme ein paarmal tief und langsam durch, und achte darauf, dass du beim Einatmen spürst, wie sich dein Bauch und deine Brust heben. Sag beim Ausatmen im Stillen zu dir: »Entspannen«, während dein Bauch sich wieder senkt.

Einatmen 1, 2, 3, 4, 5 … und aus. Entspannen 1, 2, 3, 4, 5 … Und noch einmal ein 1, 2, 3, 4, 5 … und entspannen und ausatmen 1, 2, 3, 4, 5.

Versuche, dich so gut wie möglich auf meine Stimme und auf meine Worte zu konzentrieren, während du dich immer tiefer entspannst. Falls es dir anfangs schwerfällt, einfach still liegenzubleiben, ist das vollkommen normal. Mit der Zeit sollte es immer leichter fallen.

Stell dir nun vor, du hättest einen weichen Lehmklumpen in der rechten Hand. Drück den Lehm mit der Hand zusammen, balle sie, so fest du kannst, zur Faust, und spann auch den ganzen rechten Arm an. Drücken... drücken... drücken... Spüre die Anspannung in der rechten Hand und im rechten Arm.

Öffne die rechte Hand nun schnell wieder, und lass den imaginären Lehm fallen. Löse die ganze Spannung in der rechten Hand und im rechten Arm, lass los, und entspann dich, während ich bis zehn zähle: 1, 2, 3, 4, 5, 6, 7, 8, 9, 10. Spüre, wie warm und locker deine rechte Hand und dein rechter Arm jetzt sind.

Nun konzentrieren wir uns auf die linke Hand und den linken Arm und wiederholen die Übung. Stell dir vor, du hättest einen weichen Lehmklumpen in der linken Hand. Drück den Lehm mit der linken Hand zusammen, balle sie, so fest du kannst, zur Faust, und spann auch den ganzen linken Arm an. Drücken... drücken... drücken... Spüre die Anspannung in der linken Hand und im linken Arm.

Öffne die linke Hand nun ganz schnell wieder, und lass den imaginären Lehm fallen. Löse die Spannung in der linken Hand und im linken Arm. Lass los, und entspann dich, während ich bis zehn zähle: 1, 2, 3, 4, 5, 6, 7, 8, 9, 10. Spüre, wie warm und locker deine linke Hand und dein linker Arm nun sind. Gut gemacht. Deine Hände und deine Arme sind ganz entspannt.

Nun werden wir uns Hals und Schultern zuwenden. Spann die Schultern an, indem du sie bis zu den Ohren hochziehst. Spann Schultern und Hals an, und halte die Spannung, während ich bis fünf zähle: 1, 2, 3, 4, 5 ... und entspannen. Lass die Schultern wieder sinken. Entspanne Hals und Schultern, während ich bis zehn zähle: 1, 2, 3, 4, 5, 6, 7, 8, 9, 10. Spüre einfach, wie gelöst Schultern und Hals sind. Gut gemacht. Deine Schultern und dein Hals sind ganz entspannt.

Richte deine Aufmerksamkeit nun auf Kopf und Gesicht. Spanne alle Muskeln im Gesicht an. Kneif die Augen so fest wie möglich zusammen, zieh die Nase hoch, leg die Stirn in Falten, beiß die Zähne fest zusammen, und halte die Spannung, während ich bis fünf zähle: 1, 2, 3, 4, 5 ... und entspann dich. Lass Gesicht und Hals weich und locker werden. Die Augen bleiben leicht geschlossen, während du Stirn, Nase und Mund entspannst und ich langsam bis zehn zähle: 1, 2, 3, 4, 5, 6, 7, 8, 9, 10 ... Spüre, wie entspannt Kopf und Gesicht sind. Gut gemacht. Dein Kopf und dein Gesicht sind ganz entspannt.

Nun konzentrieren wir uns auf die Brust. Atme tief ein, und fülle die ganze Lunge mit Luft. Halte kurz den Atem an ... und atme wieder aus ... Lass die Luft ausströmen, und entspann die Brust, während du immer weiter langsam und tief ein- und ausatmest.

Jetzt sind Bauch und Unterkörper an der Reihe. Zieh Bauch und Po so weit wie möglich ein. Spann den Bauch an, so fest du kannst, und halte die Spannung, während ich bis fünf zähle: 1, 2, 3, 4, 5… Entspann dich, und lass los. Löse die Spannung im Bauch und in den umliegenden Muskeln, bis alles weich und locker ist. Entspann dich einfach weiter, während ich bis zehn zähle: 1, 2, 3, 4, 5, 6, 7, 8, 9, 10… Spüre, wie locker dein Bauch ist. Gut gemacht. Dein Bauch und dein Unterkörper sind ganz entspannt.

Nun widmen wir uns der Entspannung deiner Beine und Füße und Zehen.

Spann zuerst das rechte Bein und den rechten Fuß an. Mach sie so steif wie möglich, und roll sogar die Zehen des rechten Fußes ein. Spann das rechte Bein und den rechten Fuß an… Löse die Anspannung nun wieder, und entspann dich, während ich bis zehn zähle: 1, 2, 3, 4, 5, 6, 7, 8, 9, 10… Spüre, wie entspannt das rechte Bein und der rechte Fuß sind.

Dasselbe wiederholen wir nun mit dem linken Bein und dem linken Fuß. Spann das linke Bein und den linken Fuß an. Mach sie so steif wie möglich, und roll sogar die Zehen des linken Fußes ein. Spann Bein und Fuß weiter an… und lass wieder los, und entspann dich, während ich bis zehn zähle: 1, 2, 3, 4, 5, 6, 7, 8, 9, 10… Spüre, wie entspannt beide Beine und Füße sind. Spüre die Entspannung bis in deine Zehenspitzen. Gut gemacht. Beide Beine und Füße sind entspannt.

Spann jetzt ein letztes Mal den ganzen Körper an, während ich bis drei zähle. Bist du bereit? 1, 2,

3 … Spann den ganzen Körper an, und entspann ihn wieder … Und … Anspannen … anspannen … anspannen … Und loslassen. Entspann den ganzen Körper, während du einfach daliegst und das Gefühl hast, mit dem Boden zu verschmelzen. Spüre, wie eine Welle aus Wärme und Entspannung durch deinen ganzen Körper fließt, und lass auch den letzten Rest von Anspannung los.

Wir werden nun einen Body-Scan machen, den Körper ein weiteres Mal durchgehen und uns bewusst machen, wie locker oder verspannt wir noch sind. *Mach es dir so bequem wie möglich. Ich werde dich bitten, dich kurz auf jeden einzelnen Körperteil zu konzentrieren, in dem noch ein Rest von Spannung stecken könnte. Achte beim Scannen des Körpers zunächst auf deine Atmung. Vergewissere dich, dass du noch immer tief in deinen Bauch atmest, wie wir das zu Beginn dieser Übungsfolge getan haben.*

Beginne bei deinen Füßen. Was geht darin vor? Sind sie noch irgendwo angespannt? Falls du verspannte Stellen findest, dann bitte deine Füße im Geiste freundlich, sich zu entspannen und loszulassen.

Weiter geht's mit den Beinen. Was spürst du darin? Gibt es da noch irgendeine Spannung? Bitte auch die Beine freundlich, sich zu entspannen und loszulassen.

Konzentriere dich nun auf deinen Bauch. Ist er noch irgendwo angespannt? Entspanne ihn, und lass los.

Konzentrier dich nun auf deine Brust. Gibt es da noch irgendeine Spannung? Entspanne dich, und lass los.

Nimm nun die Empfindungen in deinem Rücken und in deinen Schultern wahr. Bitte auch diese Körperteile einfach, sich zu entspannen und loszulassen.

Was ist mit deinem Hals? Ist er verspannt? Entspann dich, und lass los.

Was ist mit deinem Gesicht? Ist es noch verspannt? Entspann dich, und lass los.

Prüfe deinen ganzen Kopf. Ist er noch irgendwo verspannt? Entspann dich, und lass los.

Nimm dir nun einen Augenblick Zeit, um den ganzen Körper von den Zehenspitzen bis zum Scheitel noch einmal durchzugehen. Spüre, ob sich noch irgendwo in deinem Körper ein Rest von Anspannung verbirgt. Richte kurz deine Aufmerksamkeit auf diese Stelle, und bitte sie freundlich, sich zu entspannen. Prüfe, ob noch weitere Körperteile angespannt sind. Konzentrier dich auch auf diese Stellen, und gestatte ihnen freundlich, sich zu entspannen. Geh nun im Geiste ein letztes Mal den ganzen Körper durch, aber diesmal vom Kopf bis zu den Zehen, und nimm dabei wahr, wie du dich fühlst. Werde dir langsam wieder der Geräusche in deinem Zimmer bewusst. Spüre den Boden, auf dem du liegst.

Öffne langsam die Augen, und streck dich genüsslich… Immer, wenn du aufgewühlt bist und spürst, dass sich deine Muskeln verhärten, kannst

du deinen Körper scannen und zu dir sagen: »Entspann dich, und lass los.«
Danke, dass du das mit mir ausprobiert hast.

NACH DEM ANHÖREN DER CD

Das weitere Vorgehen
- Helfen Sie Ihrem Kind, die bei der progressiven Muskelentspannung gemachten Erfahrungen zu erkunden und darüber nachzudenken:

> *Wie fühlst du dich gerade? Was ist dir aufgefallen, als du die verschiedenen Teile deines Körpers entspannen solltest? Wo ist es dir mühelos gelungen? Wo ist es dir schwergefallen? Wie einfach oder schwer war es für dich, den Anweisungen zu folgen? Sind deine Gedanken gewandert, oder konntest du der Übung bis zum Schluss folgen? Kannst du dir vorstellen, diese Technik anzuwenden, während du einer ganz normalen Beschäftigung nachgehst und spürst, dass eine Stressreaktion droht? Wann könnte diese Übung hilfreich sein?*

Es ist sinnvoll, gleich einen Termin festzulegen, wann Sie sich das nächste Mal gemeinsam mit der progressiven Muskelentspannung beschäftigen wollen.
- Stellen Sie das »Meditationstagebuch« als Hilfsmittel vor, in das Sie von nun an regelmäßig zeichnen oder schreiben werden. Es soll in dieser Zeit des ruhigen Beisammenseins als Möglichkeit zum Nachdenken dienen. Sagen Sie:

> *Ich möchte diese Zeit des ruhigen Beisammenseins damit ausklingen lassen, dass wir unsere gemeinsame Erfahrung in ein Tagebuch malen oder schreiben. Auch ich werde das tun. So können wir jedes Mal festhalten, was beim Ausprobieren dieser Übungen passiert ist. Ich habe hier zwei solche Tagebücher, die wir nach Belieben verzieren können.*
>
> *Lass uns ein paar Minuten getrennt voneinander aufmalen oder schreiben, was wir bei dieser Übung empfunden haben, was wir dabei gelernt haben und was wir in Erinnerung behalten möchten. Anschließend können wir einander zeigen, was wir geschrieben oder gemalt haben, falls wir möchten.*

- Wenn Sie und Ihr Kind fertig sind, können Sie fragen, ob es Ihnen seinen Tagebucheintrag zeigen mag. Prüfen Sie auch, ob es noch weitere Fragen gibt, die Sie einander stellen möchten, um besser zu verstehen, wie jeder von Ihnen die Erfahrung erlebt hat.
- Fragen Sie, ob Ihr Kind bereit wäre, einen weiteren Termin festzulegen, um noch eine andere Beruhigungsmethode zu erlernen:

> *Jedes Mal, wenn wir eine solche besondere Zeit des ruhigen Beisammenseins miteinander verbringen, werden wir ein paar Übungen machen und uns unterhalten. Dann hören wir die CD an, sprechen über das, was wir dabei erlebt haben, und zeichnen oder schreiben etwas in unsere Tagebücher. Sobald wir die beiden Beruhigungsübungen auf der CD gut können, werden wir in unserer Zeit des ruhigen Beisammenseins meist nur noch mit der CD und*

> unseren Tagebüchern arbeiten. Wir werden mal gemeinsam, mal jeder für sich üben. Auf der CD gibt es noch eine andere Technik, bei der es mehr um die Schulung des Geistes geht. Möchtest du mit dieser Übung weitermachen? Oder wollen wir dafür einen neuen Termin ausmachen?

- Erklären Sie zum Schluss, dass Sie diese besondere gemeinsame Zeit ebenso beschließen werden, wie Sie sie begonnen haben – indem Sie mit einer Glocke (o.ä.) eine Schweigeminute einläuten. Bitten Sie Ihr Kind, mit geschlossenen Augen zu lauschen und, wenn es die Glocke nicht mehr hören kann, die Hand zu heben und die Augen wieder zu öffnen.
- Läuten Sie die Glocke.

Üben im Alltag

- Erinnern Sie sich an Leitlinie 5: Bauen Sie Rituale und neue Gewohnheiten in Ihren Familienalltag ein (siehe Kapitel 2), um das in den Übungen Gelernte noch stärker zu festigen und zu integrieren. An Ihrem friedlichen Platz könnte nun auch die Begleit-CD liegen, damit Ihre Kinder selbständig damit arbeiten können, wenn ihnen danach ist.
- In diesem Alter kann Ihr Kind allmählich zwischen Anzeichen von Stress, seinen Auslösern sowie den Faktoren unterscheiden, die ihn reduzieren. Über die Anzeichen von Stress haben Sie bereits gesprochen, siehe Checkliste »Wie fühle ich mich unter Stress?« auf Seite 147. Stressauslöser sind Dinge, die ein Mensch sehr wahrscheinlich als Belastung empfindet. Während Ihr Kind allmählich herausfindet, was es belastet, wird es auch feststellen, dass diese Faktoren bei jedem Menschen anders sind. Techniken und Verhaltensweisen, die den Menschen bei Bewältigung der Belastung un-

terstützen, dienen dagegen dem Stressabbau – siehe Tabelle »Ideen für den Stressabbau«, Seite 171–172, die Sie Ihrem Kind laut vorlesen können. Finden Sie heraus, welche der aufgelisteten Möglichkeiten es bereits nutzt. Wenn Sie möchten, können Sie sich jede Woche einen neuen Vorschlag zum Stressabbau aussuchen und sich beide fest vornehmen, ihn auszuprobieren. Erkundigen Sie sich gegenseitig nach Ihren Fortschritten.
- Falls Ihr Kind dazu neigt, sich Sorgen zu machen, machen Sie es mit der »Sorgenkiste« bekannt. Fragen Sie abends vor dem Schlafengehen, ob es irgendwelche Sorgen hat. Bitten Sie es, seine Sorgen auf kleine Zettel zu schreiben und in die Sorgenkiste zu legen. (Es ist in Ordnung, wenn Ihr Kind sie nicht vorlesen möchte.) Schlagen Sie vor, dass es die Kiste einmal monatlich (vielleicht am letzten Tag des Monats) öffnet und alle Zettel liest. Dabei kann es feststellen, was es zu diesem Zeitpunkt über einige seiner Sorgen denkt. Sie können auch ein anderes Ritual vorschlagen, bei dem die Sorgenkiste geleert wird und die Sorgenzettelchen zerrissen werden. Am nächsten Tag können Sie dann erneut damit beginnen, die Sorgen des Monats zu sammeln. Jeder von Ihnen kann entscheiden, ob er seine Sorgen am Ende des Monats mit dem anderen teilen möchte. Das Ritual kann auch weitgehend schweigend ablaufen. Jeder liest die eigenen Sorgen durch und erwähnt nur das, was er sagen möchte. Anschließend können Sie einander zusehen, wie Sie die Sorgen des vergangenen Monats zerreißen.
- Halten Sie beide Ausschau nach inspirierenden Zitaten, die Sie im Zimmer Ihres Kindes aufhängen können oder die es in der Tasche bei sich tragen kann. Schlagen Sie ihm vor, eines davon ein paarmal täglich still zu wiederholen. Hier sind ein paar Vorschläge:

»Dies über alles: sei dir selber treu.«
William Shakespeare

»Alle Träume können wahr werden,
wenn wir den Mut haben, sie zu verwirklichen.«
Walt Disney

»Das Leben besteht zu 10 Prozent daraus, was man daraus macht,
und zu 90 Prozent daraus, wie man es nimmt.«
Irving Berlin

- Bitten Sie Ihr Kind, mit einem Zirkel einen großen Kreis auf ein Din-A4-Blatt zu zeichnen und ihn in sechs gleich große Stücke zu teilen (vergleiche Abbildung auf Seite 170). Überschreiben Sie die einzelnen Segmente mit den Worten: Schule, Gesundheit, Familie, Freunde, Helfen, Entspannung. Wenn Sie die Übung selbst mitmachen, ersetzen Sie das Wort »Schule« für sich durch das Wort »Arbeit«. Zeichnen Sie beide in jedes Segment einen Punkt, der zeigt, wie glücklich oder zufrieden Sie mit diesem Lebensbereich sind. Falls Sie sehr zufrieden sind, sollte er sich relativ weit außen befinden. Ein Punkt nahe der Kreismitte würde bedeuten, dass Sie nicht besonders glücklich sind. Verbinden Sie die Punkte. Zeigen Sie einander Ihre Zeichnungen, und sprechen Sie über das, was Sie sehen. Wie ausgeglichen sieht Ihr Leben aus?[3]
- Anstelle der Sorgenkiste können Sie bei der abendlichen Verabschiedung von Ihrem Kind auch ein Ritual vollziehen, bei dem jeder seine Sorgen benennt und sie eine nach der anderen in der geballten Faust hält. Anschließend öffnet jeder die Hand und lässt die Sorgen einfach davonschweben. Sie können das Ritual damit beschließen, dass Sie beide von den Augenblicken des Tages erzählen, in denen Sie sich wohlgefühlt oder die ein Lächeln auf Ihr Gesicht gezaubert haben.

Auf einer langen Autofahrt oder auch sonst, wenn Sie mit Ihrem Kind eine Weile auf engstem Raum zusammen sind, können Sie es

Ideen für den Stressabbau

- Führe positive Selbstgespräche. Wenn du dich beruhigen willst, dann erinnere dich daran, dass dies kein echter Notfall ist – ganz gleich, was gerade geschieht. Sag dir: »Atme! Dies ist kein echter Notfall, und du kannst damit umgehen.«
- Nimm ein Schaumbad oder eine warme Dusche.
- Lies jeden Tag zur selben Zeit ein wenig in einem guten Buch.
- Höre ein paar Minuten lang deine Lieblingsmusik.
- Zeichne, male oder mach eine Collage.
- Male ein Mandala aus. Verwende dazu eines der für die Altersstufe passenden Mandala-Malbücher (siehe Liste der Übungsmaterialien im Anhang).
- Geh spazieren.
- Treibe Sport, mach ein paar Yoga-Übungen oder tanze.
- Gönn dir ein wenig Zeit in der Natur, um den Wolken zuzusehen, an Blumen zu riechen oder den Vögeln zu lauschen.
- Koche oder backe eines deiner Lieblingsgerichte.
- Sieh dir einen inspirierenden oder lustigen Film an.
- Kuschle mit einem Haustier und/oder geh mit dem Hund spazieren.
- Sag auch manchmal nein. So verhinderst du, dass du dir zu viel aufhalst und nicht mehr genügend Zeit für das hast, was du gerne tust.
- Such dir eine beruhigende Beschäftigung wie Seilspringen, Stricken oder Gemüse schneiden.
- Mach Gartenarbeit.
- Arbeite an einem Puzzle mit vielen Teilen – wie wär's mit 1000?
- Singe.
- Benutze Ohrstöpsel, wenn du Ruhe brauchst.
- Visualisiere einen ruhigen, friedlichen Ort, zum Beispiel einen Strand. Begib dich in deiner Vorstellung dorthin.

Übungen für Kinder ab 12 Jahren

- Führe Tagebuch und/oder schreib dir eine E-Mail oder einen Brief. Mach dir darin Mut, wenn dir eine bestimmte Angelegenheit Sorgen bereitet. Schick den Brief oder die E-Mail auch wirklich ab.
- Atme tief durch: Zähle beim Einatmen langsam bis fünf und beim Ausatmen wieder zurück. Wiederhole diese Übungsfolge mindestens siebenmal, und spüre, wie du dich dabei entspannst.
- Gönn dir eine Pause, um eine der Beruhigungsmethoden zu üben, die auf der Begleit-CD vorgestellt werden.
- Beginne bei 100 und zähle in Dreierschritten rückwärts.
- Geh schwimmen.
- Fahre Rad.
- Halte stets ein Buch mit Witzen griffbereit, damit du es zur Hand nehmen und darin lesen kannst, wenn dir nach herzhaftem Lachen zumute ist.
- Verbringe Zeit mit einem guten Freund oder einer guten Freundin.
- Treibe Sport, möglichst in einem Team.
- Leg dir ein Hobby zu, und plane regelmäßig Zeit dafür ein.
- Verbringe Zeit mit einem Erwachsenen, dem du vertraust und mit dem du reden kannst.
- Spiel mit einem kleinen Kind.
- Löse ein Kreuzworträtsel.
- Bau irgendetwas.
- Erstell eine Liste der Dinge, für die du in deinem Leben dankbar bist.
- Engagiere dich freiwillig für einen guten Zweck, oder setz dich für eine Sache ein, die du für wichtig hältst.
- Eigene Ideen _____
_____
_____
_____

Emotionale Intelligenz für Kinder und Jugendliche

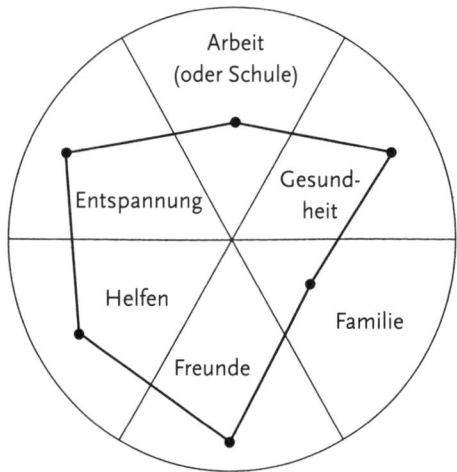

durch eine Kurzversion der progressiven Muskelentspannung führen. Geben Sie ihm nur ein paar Stichworte. Sagen Sie zum Beispiel:

Hände – anspannen... und entspannen... Füße und Beine – anspannen... und entspannen... Bauch einziehen... und entspannen... und so weiter.

✳ ÜBUNG

Konzentration und Achtsamkeit

Dies ist das sechste Stück auf der CD.

In dieser Übung lernen die Jugendlichen die Praxis der Achtsamkeit kennen, die den Atem in den Mittelpunkt rückt und so den Geist beruhigt und die Aufmerksamkeit sammelt. Achtsamkeit ist eine Möglichkeit, sich urteilsfrei auf den gegenwärtigen Augenblick zu konzentrieren. Sie werden Ihrem Kind dabei helfen, seine ganze Aufmerksamkeit und Konzentration auf alltägliche Beschäftigungen und neue Herausforderungen zu richten. Anschließend wird es die Erfahrung der Achtsamkeit machen, indem es voll konzentriert und in Zeitlupe eine Orange isst und dabei auf seine Empfindungen im gegenwärtigen Augenblick achtet. Bei der geführten Achtsamkeitsübung auf der CD wird Ihr Kind lernen, wie ihm der Atem als Anker dienen kann, um seinen herumwandernden Geist in die Gegenwart zurückzuholen. Sie werden beide Ihre Erfahrungen in Ihren Tagebüchern festhalten und zusammen überlegen, wie Sie die Achtsamkeit in den Alltag einbinden können.

VOR DEM ANHÖREN DER CD

Sie brauchen
- ❏ Glocke, Klangschale oder Klangstab
- ❏ Kurzzeitmesser
- ❏ Pro Person eine Orange (es klappt auch mit Mandarinen oder Bananen) und eine Serviette
- ❏ Ein Tablett mit ungefähr 15 Alltagsgegenständen – z.B. Gummiband, Stift, Geldschein, Zahnpasta, Schraubenzieher, Stein, Löffel, Schlüssel, Büroklammer, Bild, halbvolles Wasserglas, Schere, Obst, Pflaster, Dosenöffner. (Lassen Sie auf dem Tablett etwas Platz zwischen den einzelnen Gegenständen, damit alles gut sichtbar ist. Ordnen Sie die Dinge aber nicht in Reih und Glied. Decken Sie das Tablett zu.)
- ❏ Ein Blatt Papier und einen Stift für Ihr Kind
- ❏ Zwei »Meditationstagebücher«, Stifte, Wachsmalkreiden oder Filzstifte

- ❏ Zwei Stühle mit gerader Lehne
- ❏ Stressmesspunkte (»Biodots«, optional)
- ❏ Dieses Buch
- ❏ Einen CD-Spieler und die beigefügte CD

Vermittelte Vorstellungen und Fähigkeiten

Die Kinder werden:
- »Achtsamkeit« folgendermaßen verstehen lernen: »Man richtet die Aufmerksamkeit bewusst und ohne zu urteilen auf den gegenwärtigen Augenblick.«[4]
- Achtsamkeit erfahren und mit den Momenten vergleichen, in denen ihr Kopf »auf Autopilot« geschaltet ist;
- üben, ihren Geist zur Ruhe zu bringen; sie werden den Atem als Anker nutzen, um die Aufmerksamkeit stets von Neuem auf das Gewahrsein des gegenwärtigen Augenblicks zu richten;
- Strategien entwickeln, wie sie in dieser Zeit der Ruhe mit Ablenkungen umgehen können, indem sie lernen, das Kommen und Gehen der Gedanken zu benennen.

Bitte beachten Sie
- Die Gedanken, Gefühle und Empfindungen, die bei einer Achtsamkeitsübung aufkommen, gelten nicht als Störungen oder Ablenkungen. Sie werden urteilsfrei willkommen geheißen und zu einem Teil der Erfahrung.
- Jugendliche können lernen, den Atem zu ihrem Anker oder Ausgangspunkt zu machen. Manchmal treiben ihre Gedanken wie Schiffe auf dem Meer umher, und doch können Jugendliche jederzeit zum Gewahrsein ihres Atems zurückkehren, um ihre Aufmerksamkeit wieder dem gegenwärtigen Augenblick zuzuwenden.
- Bei der Achtsamkeitsübung ist es hilfreich, die kommenden und gehenden Gedanken mit einfachen Worten wie »hören«, »denken«

und »fühlen« zu bezeichnen. Dies hilft den Kindern, festzustellen, worauf ihre Aufmerksamkeit gerade gerichtet ist, damit sie anschließend zu ihrem Atem zurückkehren können.
- Die Achtsamkeit lässt sich als eine Form der Meditation üben und als gewohnheitsmäßiges Gewahrsein im Alltag pflegen. Demnach können wir uns jeder alltäglichen Aufgabe – zum Beispiel dem Zähneputzen, Anziehen und Essen – mit derselben vollen Aufmerksamkeit und Ernsthaftigkeit widmen, die wir in der Achtsamkeitsmeditation üben.

Vorbereitungen

- Erinnern Sie Ihr Kind daran, dass Sie jede Übungseinheit mit einer Schweigeminute beginnen möchten. Kündigen Sie an, dass Sie nun die Glocke (o.ä.) anschlagen werden. Bitten Sie Ihr Kind, die Augen zu schließen und sie erst dann wieder zu öffnen und die Hand zu heben, wenn es den Ton nicht mehr hören kann. Läuten Sie die Glocke, lauschen Sie dem Klang, und schweigen Sie gemeinsam etwa eine Minute.
- Sie werden nun die Vorstellung von Achtsamkeit mit zwei spielerischen Übungen erkunden, für die wir uns unseres Körpers voll bewusst sein müssen. Erklären Sie Ihrem Kind, dass ihm die nächste Übung helfen wird, seine Gedanken zur Ruhe zu bringen und seine Konzentrationsfähigkeit zu verbessern. Leiten Sie die Übungseinheit mit folgenden Worten ein:

> *Heute werden wir etwas ausprobieren, das uns hilft, den Geist zur Ruhe zu bringen und unsere Konzentration zu verbessern. Im Grunde hilft es uns bei vielen Dingen. Es wird »Achtsamkeit« genannt. Achtsamkeit bedeutet, zu wissen, was man im gegenwärtigen Augenblick fühlt oder denkt. Es*

bedeutet, sich ganz bewusst auf seine Gefühle oder Gedanken zu konzentrieren. Und es bedeutet, auf das zu achten, was man tut, während man es tut – ohne es zu beurteilen oder sich Sorgen darüber zu machen. Tag für Tag erledigen wir vieles, ohne wirklich darauf zu achten. Das trifft vor allem dann zu, wenn wir es täglich tun, wie zum Beispiel Zähne putzen oder essen. Im Grunde achten wir meist nicht auf das, was wir tun. Jetzt ist es zum Beispiel [sehen Sie auf die Uhr] _____ Uhr. Sehen wir mal, ob wir noch wissen, was wir gestern um diese Zeit gemacht haben. Und was vor einer Woche? [Unterhalten Sie sich kurz darüber.]

- Erklären Sie, dass wir oft der Meinung sind, wir könnten uns an alles erinnern. Aber das stimmt nicht. Wir können diese Fähigkeit allerdings trainieren, indem wir uns besser auf den gegenwärtigen Augenblick konzentrieren:

    Wenn wir achtsam sind, führen wir alle Tätigkeiten des Alltags mit unserem ganzen Sein und unserem ganzen Herzen aus. Wenn wir lernen, unseren Geist zur Ruhe zu bringen, können wir uns besser sammeln, was wiederum unsere Konzentration, unser Gedächtnis und unsere Lernfähigkeit verbessert.

Spielerische Übungen
- Erklären Sie das Spiel:

    Ich möchte jetzt einige unterhaltsame Dinge mit dir ausprobieren. Lass uns herausfinden, wie es sich anfühlt, wenn man achtsam ist und sich wirklich auf das konzentriert, was man sieht.

- Stellen Sie das Tablett mit den 15 Alltagsgegenständen bereit, aber lassen Sie es noch zugedeckt.

Ich werde dir gleich ein Tablett mit verschiedenen Gegenständen zeigen und dir eine Minute geben, um sie dir anzusehen. Du darfst sie in dieser Zeit weder anfassen noch darfst du dir etwas notieren. Denk daran, wir spielen dieses Spiel zum Spaß. Es soll deine Konzentration ein wenig üben. Nach einer Minute werde ich die Glocke läuten und das Tablett wieder zudecken. Dann bekommst du ein wenig Zeit, um so viele Gegenstände aufzuschreiben, wie dir einfallen. Anschließend werfen wir einen Blick auf deine Liste und sehen, wie's geklappt hat.

Sie können die Übung gleich noch ein zweites Mal machen: Lassen Sie Ihr Kind die Gegenstände noch einmal betrachten, behalten Sie die erste Liste und bitten Sie um eine zweite. Sie können aber auch zuerst darüber sprechen, ob sich Ihr Kind ein System überlegt hat, um sich die Gegenstände zu merken. Für gewöhnlich wird die zweite Liste sehr viel besser.

- Geben Sie Ihrem Kind ein Blatt Papier und einen Stift. Nehmen Sie die Abdeckung vom Tablett ab, und fangen Sie an!
- Unterhalten Sie sich anschließend darüber, wie schwierig es ist, konzentriert zu bleiben und den Geist darauf zu trainieren, aufmerksam zu sein. Aber mit etwas Übung lässt sich die Konzentration verbessern, und das Trainieren der Achtsamkeit hilft dabei. Stellen Sie die nächste Übung vor:

Achtsam zu sein bedeutet, dass man einer Sache seine volle Aufmerksamkeit schenkt. Bei den verschiedenen Übungen, die wir heute machen, müssen wir uns ganz auf die gestellte Aufgabe konzentrieren – sowohl wenn wir uns an die Aktivitäten des vorherigen Tages erinnern als auch bei der Liste der Gegenstände auf dem Tablett. Wir müssen achtsam sein und gut aufpassen. Bevor wir die CD anhören, möchte ich noch eine weitere Achtsamkeitsübung mit dir machen. Das wird dir vielleicht ein wenig albern vorkommen. Ich bitte dich deshalb um etwas Geduld.

Achtsam eine Orange essen

- Kündigen Sie an, dass Sie den Zeitmesser auf drei Minuten einstellen werden. Das mag Ihnen beiden zunächst sehr lang erscheinen. In dieser Zeit werden Sie und Ihr Kind damit beginnen, in Zeitlupe ein Stück von einer Orange (oder Mandarine oder Banane) zu essen. Sie sollten in diesen Minuten nur ein paar Bissen davon nehmen. Ermutigen Sie Ihr Kind, ganz im Augenblick zu bleiben, die Orange zu betasten, daran zu riechen, sie langsam zu schälen und schließlich ein paar Bissen zu essen, den Geschmack im Mund zu erleben und zu spüren, wie sich die Orange auf der Zunge anfühlt, um das Stückchen schließlich langsam zu kauen, zu schlucken und noch einmal abzubeißen. Erinnern Sie Ihr Kind daran, dass all das in Zeitlupe ablaufen sollte und Sie beide versuchen werden, diese Erfahrung über die vollen drei Minuten auszudehnen. Erklären Sie, dass in dieser Zeit nicht gesprochen wird.
- Fragen Sie anschließend:

Wie war das? Was ist dir aufgefallen? Gab es irgendwelche Überraschungen? Ist es dir schwer- oder leichtgefallen? Warum?

Teilen auch Sie Ihre Einsichten mit.

ÜBEN MIT DER CD

(Legen Sie die CD ein und stellen Sie den CD-Spieler auf die Übung »Konzentration für Kinder ab 12 Jahren« ein.)

- Kündigen Sie die Übung »Konzentration und Achtsamkeit« an:

    Bis jetzt haben wir verschiedene Möglichkeiten der Achtsamkeit kennengelernt. Nun werden wir ein weiteres Stück von der CD anhören, auf der uns Frau Dressler wieder durch eine Übung führen wird, mit der wir unseren Geist zur Ruhe bringen und unseren Körper entspannen können. Dieses Mal werden wir ruhig auf unseren Stühlen sitzen und einfach wahrnehmen, was wir die ganze Zeit über so denken und fühlen. Frau Dressler wird uns erklären, wie wir mithilfe unseres Atems unsere Aufmerksamkeit sammeln können.

Falls Sie die Stressmesspunkte (»Biodots«) verwenden möchten, können Sie folgende Fragen stellen:

> *Möchtest du dir während der Übung einen Biodot aufkleben? Was meinst du, welche Farbe er haben wird? Lass uns mal sehen.*

Falls gewünscht, kleben Sie sich und Ihrem Kind je einen Stressmesspunkt auf. Machen Sie es sich auf Ihren Stühlen bequem. Mit oder ohne Stressmesspunkt können Sie dann fragen:

> *Meinst du, wir können jetzt die CD einschalten?*

- Spielen Sie die sechste Übung auf der CD ab.

Konzentration und Achtsamkeit
Für Kinder ab 12 Jahren; Spielzeit 11:24 Minuten
Hier der Text der CD:

> *Wir werden nun eine Methode der Geistesschulung kennenlernen, die »Achtsamkeit« genannt wird. Sie dient der Beruhigung, kann aber auch die Aufmerksamkeit verbessern.*
>
> *Bei dieser Übung müssen wir einfach nur wahrnehmen, was in jedem einzelnen Augenblick geschieht. Wir versuchen nicht, unsere Gedanken zu kontrollieren, sondern wollen sie nur bewusst wahrnehmen. Wir achten einfach auf das, was in unserem Kopf vorgeht.*
>
> *Wenn du merkst, dass deine Gedanken kommen und gehen, wendest du dich einfach deinem Atem zu. Mach den Atem zu deinem Anker, der dir hilft, dich zu konzentrieren und deine Mitte zu finden. Wenn du merkst, dass etwas deine Auf-*

merksamkeit auf sich zieht, kannst du das im Stillen feststellen und das Geschehen in deinem Kopf mit einfachen Worten beschreiben. Sage zu dir: »denken« oder »fühlen« oder »hören«. Sobald deine Aufmerksamkeit nicht mehr davon gefesselt wird, kehrst du zum Gewahrsein deines Atems zurück.

Fangen wir an.

Setz dich bequem auf einen Stuhl mit einer geraden Lehne. Er sollte an einem ruhigen, ungestörten Ort stehen. Sitz aufrecht, aber entspannt, die Hände liegen bequem auf deinem Schoß. Du kannst sie falten oder einfach auf die Knie legen.

Du solltest bequem sitzen, aber auch aufmerksam und munter sein und versuchen, während der ganzen Übung so ruhig und wach wie möglich zu bleiben. Übe lieber nicht auf einem gemütlichen Sofa, denn dann könntest du in Versuchung geraten einzunicken.

Schließ locker die Augen.

Achte allmählich auf deinen Atem… Atme ein paarmal tief durch, sodass sich Brust und Bauch beim Einatmen heben. Entspanne beim Ausatmen den ganzen Körper, während sich Brust und Bauch wieder senken…

Atme ganz natürlich ein und aus…

Lass deinen Geist beim Einatmen… und beim Ausatmen… allmählich ruhig werden, und entspanne den Körper…

Bei jedem Einatmen kannst du dir im Stillen zuflüstern: »Ein…«

Und bei jedem Ausatmen sagst du dir im Geiste: »*Aus*...«

Lass einfach zu, dass dich deine Atemzüge entspannen und erfrischen, und gestehe ihnen ihren eigenen Rhythmus zu... ein... aus... ein... aus... Der Bauch hebt sich... der Bauch senkt sich...

Wenn deine Gedanken vom Atem abschweifen, stellst du fest, was deine Aufmerksamkeit auf sich zieht. Vielleicht hörst du draußen oder im Zimmer oder gar in deinem Körper ein Geräusch. Ganz gleich, wohin dein Geist auch wandert: Nimm einfach wahr, was geschieht, und benenne es im Stillen. Sag zum Beispiel: »*Hören*...«

Benenne den Gedanken, solange er andauert: »*Hören*...« »*Hören*...«

Benenne ihn einfach immer weiter im Stillen: »*Hören*...«

Was geschieht dabei? Wird der Gedanke stärker oder schwächer? Verschwindet er?

Wenn das Geräusch oder der Gedanke allmählich aus deinem Bewusstsein verschwindet, kehrst du sanft zu deinem Atem zurück...

Spüre, wie er über deine Nasenflügel streicht oder wie sich dein Bauch hebt und senkt.

Ein...

Aus...

Ein...

Aus...

Wenn deine Gedanken erneut abschweifen oder du dich auf eine körperliche Empfindung konzent-

rierst, benennst du sie ebenfalls – zum Beispiel mit dem Wort »Fühlen« – bis sie aus deinem Kopf verschwunden ist ... und kehrst zum Atem zurück ...

Falls dein Kopf ein Gefühl registriert, benennst du es in Gedanken. Das kann Ärger sein oder Glück oder etwas anderes. Nimm es einfach wahr – beurteile es nicht, sondern sei dir seiner einfach nur bewusst ... und benenne es ... »Angst oder »Glück« oder was es auch ist ...

Und sobald das Gefühl wieder verblasst, richtest du deine Aufmerksamkeit erneut auf den Atem ...

Mach dir keine Sorgen, ob du das treffende Wort für deine wandernden Gedanken findest – das ist nicht wichtig. Verwende einfache Wörter wie Denken, Hören, Fühlen, Tagträumen. Das Benennen sollte im Hinterkopf geschehen, wie ein Flüstern ...

Denk daran, dass der Atem dein Anker ist, sobald dein Geist anfängt zu wandern. Kehr immer wieder zur Atmung zurück, während die anderen Gedanken kommen und gehen ...

Es ist in Ordnung, wenn du abschweifst, aber achte darauf, wohin. Mach dir klar, was in deinem Kopf passiert – denken, fühlen, hören, oder was es auch ist. Richte deinen Geist wieder auf deinen Atem ...

Erinnere dich einfach daran, dass du alles benennst, was dir in den Sinn kommt und deine Aufmerksamkeit von deinem Atem abzieht. Sag still zu dir: »denken« ... oder »fühlen« ...

Lass die Gedanken kommen und gehen, und kehre immer wieder zum Atem zurück ...

Benenne das Wahrgenommene mit einfachen Worten, benenne es immer weiter, kehre zum Atem zurück, und nimm einfach alles wahr …

Ein …

Aus …

Ein …

Aus …

Heben …

Senken …

Es ist okay, wenn deine Aufmerksamkeit vom Atem abschweift – solange du weißt, wohin. Richte sie anschließend wieder auf den Atem …

Benenne deine Empfindungen weiter. Der Vorgang sollte wie ein leises Flüstern im Hinterkopf sein …

Vergiss nicht, die Aufmerksamkeit sanft zum Atem zurückzuführen, während andere Gedanken kommen und gehen …

Wenn du bereit bist, die Übung zu beenden, öffnest du langsam die Augen und prüfst, wie du dich im Augenblick fühlst.

Du kannst dir auch im Alltag jederzeit einen Augenblick der Achtsamkeit gönnen – oder zwei. Das ist eine sehr gute Idee, wenn du gestresst bist, dich entspannen willst oder dich auf eine Beschäftigung konzentrieren willst.

Danke, dass du das mit mir ausprobiert hast.

🎧 NACH DEM ANHÖREN DER CD

Das weitere Vorgehen
- Sprechen Sie mit Ihrem Kind darüber, wie Sie beide die Achtsamkeitserfahrung erlebt haben. Im Rahmen der Nachbesprechung können Sie folgende Fragen stellen:

> *Wie war das für dich? Konntest du dich auf Frau Dresslers Stimme konzentrieren oder glaubst du, dass deine Gedanken abgeschweift sind? Wie leicht oder schwer ist es dir gefallen, zu sagen, wohin deine Gedanken gewandert sind?*

Sprechen Sie mit Ihrem Kind darüber, welche Geräusche es gehört und welche Bezeichnungen es den kommenden und gehenden Gedanken sonst noch gegeben hat.

> *Ist es dir leicht- oder schwergefallen, immer wieder zum Atem zurückzukehren?*
>   *Wie würdest du dieses Experiment auf einer Skala von 0 bis 10 einstufen – 0 ist sehr leicht und 10 sehr schwer?*

Fassen Sie alle Kommentare und Einsichten zusammen, und berichten Sie auch von Ihren eigenen Erlebnissen.
- Nehmen Sie nun die Meditationstagebücher heraus, und erinnern Sie Ihr Kind daran, dass Ihnen diese besonderen Hefte die Möglichkeit geben, sich an das in der gemeinsamen Zeit Erlernte zu erinnern.

> *Lass uns das, was wir heute erlebt haben, kurz aufmalen oder aufschreiben. Wir werden versuchen, das Gewahrsein, die Gedanken oder Gefühle festzuhalten, die uns heute entweder beim Anhören der CD oder bei den anderen Übungen begegnet sind. Lass uns ungefähr drei Minuten lang zeichnen oder schreiben. Danach überlegen wir, ob wir über unsere Notizen oder Bilder sprechen wollen oder nicht.*

- Erklären Sie Ihrem Kind, welche Möglichkeiten es hat, alltägliche Dinge achtsam oder mit großer Aufmerksamkeit zu erledigen. Bitten Sie es, sich eine Sache zu überlegen, die es noch am selben Abend vor dem Schlafengehen tun wird und achtsam erledigen könnte, z.B. das Zähneputzen. Fragen Sie:

  > *Möchtest du gleich einen Termin ausmachen, um eine dieser Beruhigungsübungen zu wiederholen? Fällt dir etwas ein, was wir heute Abend vor dem Schlafengehen achtsam tun könnten?*

- Läuten Sie schließlich die Glocke, und bitten Sie Ihr Kind, mit geschlossenen Augen zu lauschen und erst die Hand zu heben und die Augen zu öffnen, wenn es den Ton nicht mehr hört. Danken Sie ihm für diese besondere gemeinsame Zeit und für seine Bereitschaft, die Sache unvoreingenommen auszuprobieren.

Üben im Alltag

- Das Ausmalen von Bildern kann sehr beruhigend auf Jugendliche dieses Alters wirken. Versuchen Sie es einmal mit einem der für diese Altersstufe passenden Mandala-Malbücher (siehe Liste der

Übungsmaterialien im Anhang). Mandalas sind geometrische oder symbolische Muster, die für gewöhnlich die Form eines Kreises haben. Das Ausmalen dieser Symbole fördert die Konzentration und Achtsamkeit.

- Ermuntern Sie Ihr Kind zu einem Achtsamkeitsspaziergang in der Natur oder in Ihrem Viertel. Sie können gemeinsam losziehen oder Ihr Kind zu einer eigenen Erkundungstour anregen. Planen Sie eine gewisse Zeit ein, in der Sie schweigend spazieren gehen und einfach wahrnehmen, was Sie entlang des Weges riechen, hören und sehen. Beim ersten Naturspaziergang dieser Art hilft es, die Aufmerksamkeit des Kindes auf den gegenwärtigen Augenblick zu lenken. Entscheiden Sie sich deshalb gemeinsam für eine Sache, auf die Sie ganz besonders achten wollen. Je nach Jahreszeit können das Spinnweben, Vögel, Blumen, Marienkäfer oder etwas anderes sein. Schlagen Sie vor, schweigend spazieren zu gehen. Aber wenn einer von Ihnen die gesuchte Sache entdeckt, darf er mit dem Finger darauf zeigen.
- Spielen Sie mit Ihrem Kind »Gerüche raten«. Bereiten Sie vier oder fünf Kräuter und Gewürze vor, die Sie regelmäßig verwenden. Decken Sie Dosen und Behälter zu, und legen Sie eine Augenbinde bereit. Bei diesem Spiel wird Ihr Kind zunächst an allen Kräutern oder Gewürzen riechen. Bitten Sie es, an allen Dosen zu schnuppern und die Gerüche – falls möglich – zu identifizieren. Sollte ihm das nicht gelingen, stellen Sie ihm die Kräuter oder Gewürze namentlich vor, und erklären Sie, wie Sie sie bislang verwendet haben. Sagen Sie etwa: »Das ist Rosmarin. Damit würze ich manchmal das gebackene Hühnchen.« Wenn Sie mit dem ersten Durchgang fertig sind, kann Ihr Kind die Gerüche erraten, indem es die Kräuter oder Gewürze mit geschlossenen Augen (oder mit einer Augenbinde) erschnuppert und versucht, sie aufgrund ihres Geruchs zu benennen. Geben Sie Ihrem Kind ein paar Minuten Zeit, in denen es

einfach nur riechen und anschließend nachsehen darf, ob es mit seinem Tipp richtig lag. Nachdem es sich an allen vier oder fünf Kräutern oder Gewürzen versucht hat, nehmen Sie ihm die Augenbinde ab und sprechen mit ihm über die Übung.
- Betrachten Sie die Übergangszeiten im Leben Ihres Heranwachsenden als besondere Gelegenheiten, das Tempo abzubremsen und diesen Lebensabschnitten im Kreis der Familie achtsam Respekt zu zollen. Vollziehen Sie ein Ritual, das sich ein wenig mit der Veränderung im Leben Ihres Jugendlichen beschäftigt. Binden Sie Ihr Kind in die Vorbereitungen ein – ganz gleich, um welchen Anlass es sich handelt. Eine wichtige Veränderung lässt sich zum Beispiel feiern, indem man eine kleine Gruppe lieber Menschen einlädt, die bereit sind, zu erzählen, wie sie selbst diesen speziellen Übergang, zum Beispiel den Eintritt in die Mittelschule oder die höhere Schule, erlebt haben. Geben Sie Ihrem Kind Zeit, über einige der Eigenschaften oder Verhaltensweisen zu sprechen, die seiner Ansicht nach für eine erfolgreiche Veränderung nötig sind. Anschließend können Sie es mit einem besonderen Segen bedenken.

    In einer solchen Phase können Sie Ihr Kind auch bitten, sich eine gemeinsame Unternehmung auszudenken. Es darf sich zum Beispiel sein Lieblingsessen wünschen oder den Besuch eines seiner Lieblingsorte vorschlagen.
- Kaufen Sie Ihrem Kind eine Schneekugel. Schlagen Sie ihm vor, die Kugel zu schütteln und sich vorzustellen, die kleinen Flöckchen seien die Gedanken in seinem Kopf. Ermuntern Sie es, die Kugel als Anstoß zu einer Achtsamkeitspause zu nutzen, indem es aufmerksam zuschaut, bis auch das letzte Flöckchen zu Boden gesunken ist und sein Geist so klar und ruhig zurückbleibt wie das Wasser oder der leere Raum.
- Während mancher hektischer Tage mit unseren Kindern kann es schnell passieren, dass wir den anderen nicht wirklich wahrneh-

Übungen für Kinder ab 12 Jahren

men. Wenn Ihr Kind Ihnen das nächste Mal etwas von seinen Erlebnissen erzählt oder in sein Spiel vertieft ist oder einfach nur neben Ihnen sitzt, dann gönnen Sie sich eine Achtsamkeitspause. Halten Sie inne, und seien Sie für alles gegenwärtig, was Sie über diesen Menschen lernen können, der Ihr Kind ist.

ZEIT FÜR GESCHICHTEN

In diesem Alter lassen sich Kinder nicht mehr so leicht für die gemeinsame Lektüre begeistern. Findet man allerdings das richtige Buch, das einige der Botschaften vermittelt, die auch in diesen Lektionen eingebettet sind, kann das sehr hilfreich sein und Ihr Kind dazu verlocken, diese herrliche Zeit der Kindheit zu genießen. Es gibt keinen Ersatz für die gemeinsame Lektüre. Sie kann beruhigen, trösten und inspirieren. Sie bietet eine gute Gelegenheit, um zusammenzuwachsen und sich gemeinsam an einer guten Geschichte zu erfreuen.

Die folgenden drei Bücher enthalten eine Fülle von Literaturempfehlungen für Kinder dieser Altersstufe: (1) *Was soll ich denn lesen? 50 beste Kinderbücher* von Monika Osberghaus, (2) *Litparade. Die 100 besten Jugendbücher* von Lothar Schröder und (3) *Fremde Welten in Kinder- und Jugendbüchern – die Empfehlungen des Kinderbuchfonds Baobab* (die genauen Angaben zu diesen und den folgenden Titeln finden Sie in der Liste der Übungsmaterialien im Anhang). Manche der empfohlenen Bücher könnten den Anschein erwecken, sie seien für jüngere Leser gemacht. Aber sie behandeln allgemeine und anspruchsvolle Themen, die oft für Jung und Alt gleichermaßen geeignet sind. Räumen Sie Ihrem Kind gegenüber einfach ein, dass ein Buch manchmal aussieht, als sei es für kleinere Kinder gedacht, aber erklären Sie, dass es im Grunde sogar für Erwachsene geeignet ist. Das wird viel dazu beitragen, die Besorgnis Ihres Heranwachsenden zu zerstreuen, ein Buch sei zu »babyhaft« für ihn. Man ist niemals zu alt, um vorgelesen zu bekommen! Hier noch ein paar konkrete Empfehlungen:

Karma Girl von Tanuja D. Hidier. In diesem leichten, aber nicht seichten Roman werden viele Probleme Jugendlicher aufgegriffen: Liebe, Freundschaft, Eifersucht, Selbstfindung, kulturelle Zugehörigkeit u.a.

Löcher. Die Geheimnisse von Green Lake von Louis Sachar. Diese Geschichte handelt von Beharrlichkeit, Freundschaft und der Bedeutung der Familie und wird von Jugendlichen selbst wärmstens empfohlen. Mit Flüchen, Prophezeiungen und diversen Erlösungsgeschichten.

Milos ganz und gar unmögliche Reise von Norton Juster, illustriert von Jules Feiffer. Diese Geschichte berichtet von den Abenteuern eines Jungen namens Milo, der durch ein Mauthäuschen in seinem Zimmer eine herrliche Fantasiereise antritt und dabei im Land der Weisheit landet.

Die drei Fragen. Basierend auf einer Geschichte von Leo Tolstoi von Jon J. Muth. Dieses mutige Buch beschäftigt sich mit den drei Fragen Tolstois: (1) Wann ist die beste Zeit, etwas zu tun? (2) Wer ist der Wichtigste? (3) Was ist die richtige Entscheidung? Dabei taucht es in den tieferen Sinn des Lebens ein.

Weslandia von Paul Fleischman, illustriert von Kevin Hawkes. Dieses Buch ist ein Lob der Menschen, die nach ihrer eigenen Pfeife tanzen. Es erzählt die Geschichte von Wesley, der sich dadurch die Akzeptanz der anderen Kinder verschafft, dass er eine eigene Zivilisation gründet. (Englisch)

Kapitel 6
Emotionale Intelligenz: das wichtigste Erbe unserer Kinder

Was für eine Bereicherung wäre es doch für die Kinder in aller Welt, wenn sie über einige der praktischen Hilfsmittel verfügten, die in diesem Buch vorgestellt werden! Dann könnten sie diese Fertigkeiten jederzeit dazu nutzen, ihre Gefühle besser zu bewältigen und sich schneller von belastenden Situationen zu erholen. Das hätte weitreichende Vorteile – von einer besseren Gesundheit und einer erhöhten Lernfähigkeit bis hin zu einem erfüllteren und glücklicheren Leben.

Das, was Kinder von den Erwachsenen in ihrem Leben über die Entwicklung innerer Stärke lernen, ist von großer Bedeutung und beeinflusst sie noch lange. Wenn Erwachsene die Emotionen ihrer Kinder ignorieren, bekommen diese irgendwann den Eindruck, ihre Gefühle seien nicht wichtig. Falls wir Kindern, die ihre Gefühle zeigen, wiederholt drohen oder sie bestrafen, lernen sie, dass Emotionen gefährlich sind, dass man sie für sich behalten und verstecken muss – was später zu Problemen mit Depressionen oder Wut führen kann. Sind Erwachsene nicht in der Lage, zornigen und aggressiven Kindern alternative Möglichkeiten aufzuzeigen, wie sie ihre Gefühle ausdrücken und bewältigen können, dann glauben sie, dass es in Ordnung ist, auf andere loszugehen oder einen Wutanfall zu bekommen, um ihren Willen durchzusetzen.[1]

Die sorgfältige Erforschung der Beziehungen und Interaktionen zwischen Eltern und Kindern hat gezeigt, dass es einen anderen Erziehungsstil gibt, der jungen Menschen helfen kann, auf emotional gesunde Art und Weise zu wachsen. Der Wissenschaftler John Gottman bezeichnet Erwachsene, die diesen Erziehungsstil anwenden, als »Emotionstrainer«.[2] Das bedeutet, dass Eltern die Chancen nutzen, die in schwierigen oder schmerzhaften Gefühlen stecken – wenn ein Kind zum Beispiel Streit hatte oder eine Enttäuschung erlebt hat –, um das wahre Wesen dieser Emotionen zu erforschen und den konstruktiven Umgang damit zu vermitteln. Eltern können Kinder ermutigen, ihre Gefühle mit Sätzen wie »Ich bin traurig« oder »Das hat mich wirklich wütend gemacht« auszudrücken, statt einfach nur darauf zu reagieren. Kinder brauchen reichlich Gelegenheit, um zusammen mit den sie liebenden Erwachsenen ihre emotionale Landschaft zu erforschen.

Wenn man Kindern regelmäßig eine Zeit des ruhigen Beisammenseins schenkt, kann das den Übergang vom Kind zum Erwachsenen sehr erleichtern. Sobald junge Menschen lernen, die Stille zu schätzen und die Dinge etwas langsamer anzugehen, bietet sich ihnen die seltene Gelegenheit, sich die tieferen Fragen des Lebens zu stellen, wie zum Beispiel: »Was ist meine ganz persönliche Aufgabe?« oder »Wie kann ich meine Talente und Gaben am besten nutzen?« Während Sie gemeinsam mit Ihrem Kind erforschen, wie der Geist funktioniert, und mehr auf Ihre jeweiligen Gedanken achten, bekommen Sie beide die Chance, herauszufinden, was Sie tatsächlich glauben, meinen und fühlen. Viel zu häufig fehlt uns die Zeit, über diese Dinge nachzudenken. Wir schalten auf Autopilot, und die tiefere Bedeutung unserer Erfahrungen entgeht uns.

Laura Parker Roerden ist Mutter und wendet viele dieser Techniken zu Hause mit ihren drei Kindern an. Sie sagt, dass man unter Umständen nicht sofort eine Wirkung feststellen wird, wenn man mit der Vermittlung dieser Fähigkeiten beginnt. Stattdessen überraschen uns die Ergebnisse dieser Arbeit oft dann, wenn wir schon glauben, unsere Bemühungen führten zu nichts. Laura war mit ihrem 5-jährigen Sohn Eli im Stadtverkehr unterwegs und wurde immer unruhiger, als er sie vom Rücksitz aus erinnerte: »Du musst atmen, Mami. Atme einfach.« Und wenn sie in den wertvollen Augenblicken der Stille und der gemeinsamen Achtsamkeit vor dem Schlafengehen ihren Atem an den Ihres Sohnes angleicht, offenbart er ihr häufig, wie sehr er mit seiner inneren Welt im Einklang ist. Viele Monate nach dem Tod des Großvaters sagte Eli in einem dieser Augenblicke der Stille scheinbar aus heiterem Himmel zu seiner Mutter:

»Mama«, brach er nachdenklich das Schweigen. »Ich glaube, der Himmel ist in meinem Herzen.«

»Und wieso glaubst du das, mein Schatz?«, fragte seine Mutter.

»Weil Opa Parker im Himmel ist, und er genau jetzt in meinem Herzen ist.«

Wenn Kinder wie Eli in einer Familie und einer Schule aufwachsen, die eine Beschäftigung mit der eigenen inneren Welt befürworten, erhöht das die Wahrscheinlichkeit, dass sie sich zu gesunden, liebevollen, hoffnungsvollen und optimistischen Persönlichkeiten entwickeln. Sobald sie über sich selbst nachdenken und sich selbst beruhigen können, können sie auch ihre Gefühle besser erkennen, identifizieren und bewältigen. Darüber hinaus können sie sich besser konzentrieren und klarer denken. Sorgen und Nöte machen sich nicht so häufig in Form von dissozialem Verhalten bemerkbar. Die Kinder können jeder Situation mit ihrer ganzen Aufmerksamkeit und Begeisterung, ihrem vollen Interesse und einer positiven emotionalen Reaktion beggnen. Das hat zur Folge, dass sie ihr Potenzial voll verwirklichen können.

Indem Kinder zum Beispiel den Fluss ihrer Gefühle, Gedanken oder Empfindungen wahrnehmen, während sie eine der hier vorgestellten Beruhigungsübungen machen, entwickeln sie die Fähigkeit, sich jederzeit dieses Gewahrseins zu bedienen. Wenn sie aufgeregt und sich nicht mehr sicher sind, wie ihnen gerade geschieht, können sie zunächst eine dieser Techniken anwenden, um ihre Gefühle wieder in den Griff zu bekommen und sich zu beruhigen. Sobald es ihnen gelingt, sich aus der Stressreaktion zu befreien, fällt es ihnen sehr viel leichter, über den Grund für ihre Aufregung zu sprechen. Und sobald sie merken, in welchem Abschnitt ihres Körpers sie die Erregung spüren, können sie sie mit dem Verstand so weit loslassen, dass es ihnen gelingt, darüber zu sprechen. Manchmal entdecken sie sogar einige Möglichkeiten, wie sie die Situation lösen oder sich besser damit fühlen können.

Wir haben soeben erst begonnen, diese Ansätze in unsere Arbeit mit Kindern aufzunehmen, und müssen sie nun in der wissenschaftlichen Forschung, in solider Pädagogik und der Entwicklungspsychologie verankern. Letztere konzentriert sich meist auf die Persönlichkeitsentwicklung sowie den emotionalen und intellektuellen Bereich. Die inneren oder intuitiven Dimensionen der Erfahrung werden nur selten genügend berücksichtigt. Allerdings können wir nicht hoffen, unseren Kindern diese Fähigkeiten und Seinsweisen zu vermitteln, ohne dafür Unterstützung in der Stärkung unserer eigenen inneren Welt zu finden. Viele von uns wollen ihren Kindern helfen, einen tieferen Sinn, eine tiefere Bedeutung zu finden – aber wir können nur geben, was wir haben. Bei der Seelenarbeit geht es nicht darum, dass wir den Kindern eine Landkarte in die Hand drücken. Diese Arbeit kann nur der Qualität unserer eigenen inneren Welt entspringen.

Was für ein Erbe können wir unseren Kindern hinterlassen, wenn wir ihnen konkrete Möglichkeiten anbieten, ihren Wesenskern zu stärken! Wenn sie bereits in jungen Jahren lernen, Stille, Selbstreflexion und Innenschau zu achten, können diese Seinsweisen sie ihr Leben lang begleiten. Sie können sich jeden Tag ein wenig »Zeit für Herz und Seele« nehmen. Ich selbst war schon Anfang zwanzig, als mir meine Mutter eines Tages vorschlug, gemeinsam eine bestimmte Meditationstechnik zu erlernen. Seit jenem Tag im Jahr 1971 habe ich es mir zur Gewohnheit gemacht, täglich ein wenig Zeit mit mir allein ganz ruhig und still in der Meditation zu verbringen. Ich bin mir nicht sicher, ob ich mich dieser Möglichkeit geöffnet hätte, wenn meine Mutter mir nicht den Anstoß gegeben und mich begleitet hätte. Das Erlernen dieser Techniken brachte einen Durchbruch in meinem Leben, und ich pflege sie noch immer. Die dabei erworbenen Fähigkeiten gehören seitdem zu meinen wichtigsten inneren Ressourcen, und ich vertraue darauf, um mich von Rückschlägen und Verlusten zu erholen.

Viele mutige Pädagogen und Eltern betreten Neuland und vermitteln Kindern solche kontemplativen Fähigkeiten. Im Jahr 2002 begannen wir, diese Beruhigungstechniken an den Schulen von New York City zu lehren. Damals gab es nur eine Handvoll derartiger Bemühungen. Inzwischen wird die kontemplative Praxis an vielen Schulen gelehrt – und das nicht nur in den Vereinigten Staaten, sondern in aller Welt. Wir lernen, dass wir Kindern konkrete, praktische Werkzeuge anbieten können, die erheblich zur Verbesserung ihrer Lebensqualität beitragen werden.

Wir dürfen diese Übungen weder in den Bereich der Religionserziehung abdrängen, noch sollten wir unsere Kinder speziellen Formen des Gebets aussetzen. Wenn sie diese Beruhigungsübungen lernen, erschließt sich ihnen ein aufregender und wirkungsvoller Weg, sich mit ihrer inneren Welt zu beschäftigen. Dieser respektiert sowohl die religiösen Überzeugungen der einen als auch die weltlichere Einstellung der anderen. Wir sprechen hier von Möglichkeiten, die sie dazu ermuntern, sich mit den Angelegenheiten des Herzens und des Geistes zu befassen, was zu den positiven Bausteinen einer gesunden Entwicklung zählt.

In der zweiten Klasse von Susan Soler in New York City werden die Kinder zum Beispiel nicht einfach nur aufgefordert, die Stille zu achten. Inzwischen bitten sie sogar selbst um Augenblicke der Stille. Eines

Tages hatte Susan ihren Schülern bereits mehrere Lektionen aus dem Lehrplan vermittelt und versuchte, erneut ihre Aufmerksamkeit zu erregen, denn es war sehr laut, und bei der nächsten Aufgabe mussten sich die Kinder wirklich konzentrieren. Sie sagte zu ihnen: »Ich möchte eine Stecknadel fallen hören.« Die Kinder übernahmen diese Redewendung und verwendeten sie das ganze Jahr über weiter. Jedes Mal, wenn sie sich wegen der herrschenden Lautstärke oder Hektik nur schlecht konzentrieren und ihre Aufmerksamkeit nur schwer auf die zu lösende Aufgabe richten konnten, sagte das eine oder andere Kind aus der Klasse: »Ich muss eine Stecknadel fallen hören.« Dann legten sie eine Schweigeminute ein, um sich zu sammeln, die mit einem Glockenton eingeläutet und so auch wieder beendet wurde.

Susan berichtete mir sogar, dass sie selbst im Grunde gar keine Glocke verwendete, um die Aufmerksamkeit ihrer Schüler zu erregen – sie benutzte dazu Rumbarasseln. Dieses besondere Signal nahm für die Kinder die Bedeutung von »innerem Frieden« an, in dem Maße, in dem sie diese Momente allmählich als eine Zeit der Ruhe und der Sammlung verstanden. Als die stellvertretende Schulleiterin eines Tages in die Klasse kam, sagte eines der Kinder: »Lasst uns Ms. Regina inneren Frieden schenken« – und alle wussten, dass damit eine Schweigeminute gemeint war, während einer der Schüler die Glocke läutete. Die Klasse machte auch andere nützliche Werkzeuge zu einem Bestandteil des Schulalltags. So gelang es ein paar Kindern zum Beispiel im Umgang mit einem äußerst streitbaren Mitschüler, der seine Gefühle oft nicht im Griff hatte, einfach von sich aus ein paarmal tief in den Bauch zu atmen, um ihre Geduld zu stärken und nicht automatisch auf ihn zu reagieren. Sie nutzten auch die Möglichkeit, Angelegenheiten aus der Sicht des anderen zu sehen. Wenn es ihnen allerdings nicht gelungen wäre, sich zunächst einmal zu beruhigen, dann wäre es ihnen wohl auch sehr viel schwerer gefallen, die Dinge tatsächlich vom Standpunkt des anderen zu betrachten.

Unsere Chance

Während wir uns weiterentwickeln, bieten sich sowohl dem Einzelnen als auch der gesamten Gesellschaft folgende Möglichkeiten: Wir können das neue Wissen und den Fortschritt der Zivilisation zu unvorstellbar großem Schaden, zu Zerstörung und moralischem Zusammenbruch oder aber für Güte, Wandel und Hoffnung nutzen. Unsere heutige Entscheidung, auf welche Weise wir die Entwicklung unserer Kinder fördern möchten, wird sich maßgeblich auf viele weitere Generationen auswirken. Wir machen große Fortschritte in der Welt der Technik und verstehen immer besser, wie unser Gehirn arbeitet. Trotzdem kämpfen wir heute darum, Generationen junger Menschen zu retten, die ohne die Unterstützung aufwachsen, die man braucht, um sich als Mensch anerkannt zu fühlen und einen bedeutenden Beitrag zur Gemeinschaft zu leisten.

Denken Sie kurz über alle Kinder in Ihrem Leben nach. Fragen Sie sich, was Sie sich als Vater oder Mutter oder Lehrer für diese jungen Menschen wünschen. Welche Hoffnungen hegen Sie für sie? Sie werden viele verschiedene Antworten finden, die sich nach den Bedürfnissen, Stärken und Schwierigkeiten des Kindes richten, an das Sie gerade denken. Ob es den jungen Menschen allerdings gelingen wird, diese Hoffnungen zu erfüllen, hängt wiederum davon ab, ob sie die innere Stärke besitzen, sich den alltäglichen und den großen Herausforderungen des Lebens zu stellen. Sind sie widerstandsfähig angesichts von Hindernissen und offen angesichts von Chancen? Können sie sich wieder erholen und ihre Fähigkeit, Probleme zu bewältigen, sogar noch steigern, wenn das Leben sie prüft?

Wie erfolgreich werden wir die innere Welt und die innere Stärke unserer Kinder fördern? Wir, die Erwachsenen, müssen uns von den jungen Menschen zeigen lassen, wie wir ihnen dabei helfen können. J. Robert Oppenheimer, einer der Pioniere im Bereich der Atomenergie, soll einmal gesagt haben: »Auf der Straße spielen Kinder, die einige der dringlichsten physikalischen Probleme lösen könnten, weil sie über Formen der Sinneswahrnehmung verfügen, die ich seit langem verloren habe.«[3] Das Forschen, Erneuern und kreative Schaffen fallen Kindern leicht. Sie interessieren sich bereits für die grundlegenden Fragen des Lebens. Wir müssen uns daran erinnern, wie heil ihre innere Welt noch ist, und wir müssen Möglichkeiten finden, sie davor zu bewahren, dass irgendjemand auf ihnen herumtrampelt.

Das erinnert mich an eine herrliche Geschichte, die mir mein Freund Martin Brokenleg aus der Lakota-Überlieferung erzählte: Ein alter amerikanischer Ureinwohner spielte auf dem Boden mit einem kleinen Kind. Seine Verwandten fragten: »Großvater, wieso krabbelst du auf dem Boden herum wie ein Kind?« Er erwiderte: »Ich bin sehr alt und werde schon bald in die Geistwelt hinübergehen. Dieses Kind ist sehr jung und gerade erst von dort gekommen. Ich bin hier unten, um zu sehen, was ich von diesem heiligen Wesen lernen kann.«[4]

Der neue Ansatz, der dazu führt, dass Kinder in der Praxis der Kontemplation geschult werden, stärkt viele Schlüsselelemente der emotionalen Intelligenz. Die Selbstwahrnehmung verleiht der Innenschau neue Tiefe, das Gefühlsmanagement wird zur Selbstdisziplin, und die Empathie entwickelt sich zu einer Grundlage für Nächstenliebe, Fürsorge und Mitgefühl. Und alle diese grundlegenden Lebensfertigkeiten lassen sich nun als Bausteine des Charakters betrachten. Heute bietet sich unserer Gesellschaft die Chance, dass derartige Ansätze ihren Weg in unsere Familien und Schulen finden. Es ist unerlässlich, dass Kinder im Rahmen ganz normaler und natürlicher Kindheitserfahrungen neue Möglichkeiten erlernen, ihren menschlichen Geist zu erheben und ihr inneres Leben zu entfalten.

Wenn wir die emotionale Intelligenz und die innere Welt unserer Kinder fördern, dann ist das alles andere als unerheblich oder unwichtig, denn es wird uns helfen, jenes Gleichgewicht zu finden, das jeder Mensch in dieser chaotischen Welt braucht. Wir müssen das Mitgefühl, die Einsicht und die aufrichtige Anteilnahme uns selbst und anderen gegenüber stärken, damit wir uns den tiefen emotionalen, gesellschaftlichen, politischen und spirituellen Nöten unserer Zeit stellen können. Schon Gandhi sagte: »Wenn wir wahren Frieden in der Welt erlangen wollen, müssen wir bei den Kindern anfangen.«

Wenn ich mir die großen Probleme ansehe, die auf die jungen Menschen zukommen – Rassismus, Armut, Terrorismus, Zerstörung der Natur –, kann ich mir nicht vorstellen, wie die Menschheit es schaffen soll, ohne ihre innere Stärke zu fördern. Ich hoffe, dass jeder von uns eine Möglichkeit findet, zu handeln und dafür zu sorgen, dass kein Kind durchs Netz fällt und unsere Familien, unsere Gemeinschaften und unsere Schulen alle Aspekte des menschlichen Geistes unterstützen.

Ich möchte dieses Buch mit dem folgenden Gebet für die Kinder der Zukunft beschließen. Es wurde von Angeles Arrien verfasst, einer meiner Freundinnen und Mentorinnen, die sehr viel zum Wachstum meiner eigenen inneren Welt beigetragen hat:

Gebet für die Kinder

Möget ihr machtvoll lieben und eure Macht liebevoll einsetzen.
Möget ihr euch im Umgang mit Freunden, Familie und Kollegen
stets von der Liebe leiten lassen. Denkt daran,
aufmerksam eurem eigenen Herzen
und den Herzen der anderen zu lauschen.

Möget ihr stets den Mut haben, eure Träume zu leben.
Tut jeden Tag etwas, das euch der Verwirklichung eures Lebenstraums,
eurer Liebe zur Natur und eurer Integrität näher bringt.

Möget ihr stark genug sein, um Angst und Stolz zu überwinden,
und stattdessen dem folgen, was euer Herz und Sinn euch rät.

Möget ihr euch Wahrheit, Schönheit, Kreativität und Gelächter
bewahren.
Möget ihr Natur und Wildnis schützen, erhalten und für sie
sorgen.

Möget ihr den Menschen jedes Alters und jeder Rasse Respekt
erweisen und allen Lebewesen helfen, ihre Würde zu wahren.

Möget ihr eine aktive, engagierte und positive Kraft in eurer
Gemeinschaft sein und so die Welt der Armen,
Kranken, Alten und Jungen besser machen.

Möget ihr die eigene Gesundheit sowie die Gesundheit und das
Wohlergehen anderer achten und bewahren.

Möget ihr alle Wege respektieren, auf denen Menschen Zugang zu ihrer Spiritualität finden.

Möge mit eurer Hilfe eine Weltgemeinschaft entstehen, die den Frieden und die Gewaltlosigkeit verwirklicht.

Möget ihr niemals aufhören zu lernen, Fragen zu stellen, zu forschen und zu entdecken. Möget ihr euch stets eure Neugier und eure Hoffnung bewahren.

Möget ihr die Vielfalt respektieren und die magische Schönheit ehren, die dann entsteht, wenn sich Unterschiede zu etwas verbinden, das so viel größer ist, als sich irgendjemand vorstellen kann.

Möget ihr eure Gaben und Talente Tag für Tag, ohne zu zögern, selbstlos einsetzen.

Möget ihr eure Ahnen achten und alle Menschen, die vor euch gelebt haben. Sie haben euch den Weg bereitet, damit ihr eure Aufgaben hier erfüllen könnt.[5]

Ich selbst hoffe für die Kinder dieser Welt, dass immer mehr Erwachsene ihnen jenes »innere Rüstzeug« geben, das ihnen die von Anne Frank 1944 in ihrem Tagebuch beschriebene Widerstandskraft verleiht: »Dazu kommt, dass ich außergewöhnlich viel Lebensmut habe, ich fühle mich immer so stark und imstande, viel zu ertragen, so frei und so jung! Als ich das zum ersten Mal fühlte, war ich froh, denn ich glaubte nicht, dass die Schläge, die jeder aufzufangen hat, mich schnell zerbrechen könnten.«[6]

Möge jeder von uns den Mut finden, seinen Teil dazu beizutragen, dass wir unseren Kindern genau das vermitteln, was sie brauchen, um uns weiter ins 21. Jahrhundert zu führen.

Anhang

Liste der Übungsmaterialien

Glocke, Klangschale oder Klangstab In vielen Läden und Versandhandlungen für Meditationsbedarf o.ä. erhältlich. Klangschalen gibt es in vielen Größen und Preisstufen, aber auch eine kleine, preiswerte Schale hat schon einen sehr schönen, lang anhaltenden Klang. Ein empfehlenswerter Versandhandel ist zum Beispiel der Klangschalen-Shop in 63741 Aschaffenburg, Haselmühlweg 73, Tel. 0 60 21/44 22 34, im Internet unter: www.klangschalen-shop.de

Stressmesspunkte Die sogenannten *Biodots* sind Stressmesspunkte, mit deren Hilfe man das persönliche Belastungsniveau über eine einfache Biofeedback-Methode ermitteln kann. Versandadressen können Sie im Internet unter den Stichworten »Biodots« oder »Stressmesspunkte« finden, z.B. bei http://www.villa-bossanova.de/oxid/download/katalog.pdf oder http://stress.stores.yahoo.net/biodots.html.

Mandala-Malbücher Hier eine kleine Auswahl aus der Fülle der lieferbaren Mandala-Malbücher, alle von Johannes Rosengarten, erschienen im Arena-Verlag, Würzburg:

Mandala-Malbuch für Kinder, 1998 (etwa 4-7 Jahre)
Der dicke Mandala-Malblock für Kinder, 2002 (etwa 7-11 Jahre)
Mein dicker Mandala-Malblock. Träumen und Entspannen, 2004
Die schönsten Mandalas, 2006 (die beiden letzten für alle Altersstufen)

Empfohlene Kinderbücher

Die folgenden Bücher werden in den Kapiteln 3 bis 5 empfohlen und sind im Buchhandel und vielen Büchereien erhältlich. Da die meisten der von Linda Lantieri empfohlenen Bücher auf deutsch nicht erhältlich sind, wurde für die deutsche Ausgabe eine eigene Buchauswahl getroffen.

Benson, Bernard: *Der Weg ins Glück,* München, Heyne 1999 (etwa von 7 bis 11 Jahren)

Bonsels, Waldemar: *Die Biene Maja,* Würzburg, Arena 2000 (oder eine andere Ausgabe, für Jung und Alt)

Die fünf Sinne, Mannheim, Meyers kleine Kinderbibliothek 2008 (etwa von 4 bis 7 Jahren)

Erlbruch, Wolf: *Die große Frage,* Wuppertal, Peter Hammer 2004 (etwa von 4 bis 7 Jahren)

Fleischman, Paul: *Weslandia,* Walker Books 2007 (englisch, etwa ab 12 Jahren)

Fremde Welten in Kinder- und Jugendbüchern, Basel, Kinderbuchfonds Baobab 2008 (alle Altersstufen)

Gavalda, Anna: *35 Kilo Hoffnung,* Berlin, Bloomsbury 2008 (etwa von 7 bis 12 Jahren)

Hidier, Tanuja Desai: *Karma Girl,* München, Bertelsmann 2006 (etwa ab 12 Jahren)

Johansen, Hanna, und Jacky Gleich: *Sei doch mal still,* München, Hanser 2001 (etwa von 4 bis 7 Jahren)

Juster, Norton: *Milos ganz und gar unmögliche Reise,* Düsseldorf, Sauerländer 2006 (etwa ab 12 Jahren)

Muth, John J.: *Die drei Fragen: Basierend auf einer Geschichte von Leo Tolstoi,* München, Bombus Media 2003 (etwa ab 12 Jahren)

Osberghaus, Monika: *Was soll ich denn lesen? 50 beste Kinderbücher,* München, dtv 2006 (ab 8 Jahren)

Osberghaus, Monika: *Schau mal! 50 beste Bilderbücher,* dtv, München 2006 (etwa von 3 bis 7 Jahren)

Pludra, Benno: *Das Herz des Piraten,* Weinheim, Beltz 1988 (etwa von 7 bis 12 Jahren)

Sachar, Louis: *Löcher – Die Geheimnisse von Green Lake,* Weinheim, Beltz 2002 (etwa ab 12 Jahren)

Saint-Exupéry, Antoine de: *Der kleine Prinz,* Düsseldorf, Rauch 1998 (für Jung und Alt)

Schröder, Lothar: *Litparade. Die 100 besten Jugendbücher,* Düsseldorf, Droste 2004 (etwa von 8 bis 14 Jahren)

Seyffert, Sabine: *Meine Insel der Stille. Entspannungsgeschichten für Zappelkinder,* Würzburg, Arena 2007 (etwa von 6 bis 11 Jahren)

Stein, Mathilde, und Mies van Hout: *Wie Hasenherz die Angst besiegte,* München, cbj 2005 (etwa von 4 bis 7 Jahren)

Weiterführende Literatur

Armstrong, Thomas: *Die Spiritualität des Kindes. Pädagogik im neuen Bewusstsein,* Essen, Synthesis 1994. Der Autor vertritt die These, dass beim Eintritt der Kinder ins Leben ihr Gewahrsein eng mit ihrer spirituellen Natur verbunden ist. Er fordert alle Menschen, die mit Kindern arbeiten, dazu auf, diesen Aspekt in ihnen zu erkennen.

Bartlett, Jane: *Parenting with Spirit. 30 Ways to Nurture Your Child's Spirit and Enrich Your Family's Life,* New York, MJF Books 2004. Die Autorin erläutert detailliert dreißig praktische und religionsunabhängige Möglichkeiten, wie man die innere Welt der Kinder fördern kann. (Englisch)

Brantley, Jeffrey: *Der Angst den Schrecken nehmen. Achtsamkeit als Weg zur Befreiung von Ängsten,* Freiamt im Schwarzwald, Arbor 2006. Dieses Buch erinnert uns daran, eine Pause einzulegen und uns auf uns selbst und das Leben zu konzentrieren, das wir führen möchten. Es hilft uns dabei, uns im Sein, nicht im Tun zu üben, und liefert klare Informationen zur Physiologie der Stressreaktion.

Brooks, Robert, und Sam Goldstein: *Das Resilienz-Buch. Wie Eltern ihre Kinder fürs Leben stärken – das Geheimnis der inneren Widerstandskraft,* Stuttgart, Klett-Cotta 2007. Die Autoren erörtern die Eigenschaften widerstandsfähiger Kinder und stellen spezielle Ideen und Strategien vor, mit deren Hilfe man eine »resiliente« Geisteshaltung entwickeln kann.

Carlsson-Paige, Nancy: *Taking Back Childhood. Helping Your Kids Thrive in a Fast-Paced, Media-Saturated, Violence-Filled World,* New York, Hudson Street Press 2008. Wie können wir unseren Kindern in unserer schnelllebigen, konsumorientierten und auf Leistung bedachten Gesellschaft helfen, ihr volles menschliches Potenzial zu verwirklichen? Dieser bahnbrechende Ratgeber wird allen Menschen helfen, die wissen möchten, wie sich Kinder in den sozialen Strömungen zurechtfinden können, die ihr Leben formen – und allzu häufig auch schädigen. (Englisch)

Davis, Martha, Elizabeth R. Eshelman und Matthew McKay: *Stressabbautraining. Die besten Methoden zur Steigerung der Leistungsfähigkeit,* Augsburg, Bechtermünz 1999. Ein umfassender Ratgeber mit klaren Anweisungen und Hintergrundinformationen zu vielen wichtigen Stressbewältigungsstrategien. Ein großartiges Nachschlagewerk zur Selbsthilfe.

Dermond, Susan Usha: *Calm and Compassionate Children: A Handbook,* Berkeley, CA, Celestial Arts 2007. Eltern und Lehrer können hier lernen, wie sich Empathie und Integrität bei Kindern herausbilden lassen. Die Autorin vermittelt praktische Strategien, wie man Konzentration, Freude, Freundlichkeit und Liebe bei Kindern fördern kann. (Englisch)

Elias, Maurice J., Steven Tobias und Brian Friedlander: *Raising Emotionally Intelligent Teenagers,* New York, Three Rivers Press 2002. Die Autoren stellen kreative, liebevolle und konstruktive Möglichkeiten vor, wie man Heranwachsenden in diesen entscheidenden Jahren ein Vater oder eine Mutter sein kann. (Englisch)

Goleman, Daniel: *Emotionale Intelligenz,* München, dtv 1997. Dieser Bestseller brachte der Öffentlichkeit die Bedeutung der Gefühle für eine gesunde menschliche Entwicklung zu Bewusstsein. Er definierte, was es heißt, »klug« zu sein, und machte den Begriff der »emotionalen Intelligenz« zu einem Bestandteil unseres Alltagswortschatzes.

Goleman, Daniel: *Soziale Intelligenz. Wer auf andere zugehen kann, hat mehr vom Leben,* München, Droemer Knaur 2006. Der »Entdecker« der emotionalen Intelligenz erforscht hier den Umgang der Menschen miteinander im Rahmen einer neuen Wissenschaft der zwischenmenschlichen Beziehungen. Sie liefert ein tieferes Verständnis dafür, wie wir die einzelnen Bestandteile sozialer Intelligenz in uns selbst und in anderen entwickeln und fördern können.

Gottman, John: *Kinder brauchen emotionale Intelligenz. Ein Praxisbuch für Eltern,* München, Heyne 1998. Der Autor beschreibt einen effektiven fünfstufigen Prozess, mit dessen Hilfe Eltern zu »Emotionstrainern« werden und ihren Kindern beibringen, wie sie ihre Gefühle ausdrücken und bewältigen können – ein Leben lang.

Grolnick, Maureen (Hrsg.): *Forever After. New York City Teachers on 9/11,* New York, Teachers College Press 2006. Eine wunderschöne Sammlung persönlicher Betrachtungen aus der einzigartigen Perspektive der New Yorker Lehrer, welche die Ängste und die Genesung der Kinder selbst miterlebt haben. (Englisch)

Hart, Tobin: *Die spirituelle Welt der Kinder*, München, Kailash 2007. Der Autor nutzt all sein Hintergrundwissen in den Bereichen Spiritualität, Psychologie und Pädagogik, um Eltern und Lehrern zu helfen, die spirituellen Fähigkeiten von Kindern zu erkennen und zu entwickeln. Zudem unterstützt er Erwachsene dabei, sich an die eigenen spirituellen Kindheitserfahrungen zu erinnern.

Kabat-Zinn, Jon, und Myla Kabat-Zinn: *Mit Kindern wachsen. Die Praxis der Achtsamkeit in der Familie*, Freiamt im Schwarzwald, Arbor 2006. Die Autoren erläutern die Bedeutung der nährenden und fördernden Aspekte der Elternrolle. Sie erklären, wie das Gewahrsein des gegenwärtigen Augenblicks Eltern helfen kann, sich mehr Zeit zu nehmen, während sie ihr eigenes Leben bereichern und der inneren Welt ihrer Kinder zur Entfaltung verhelfen.

Koch, Marianne: *Die Gesundheit unserer Kinder. Was Sie über die körperliche und geistige Entwicklung wissen sollten*, München, dtv 2007. Die Autorin zeigt, welche Entwicklungsschritte Kinder durchlaufen – von der Ausbildung des kindlichen Gehirns und des Ich-Bewusstseins bis zur pubertären Auflehnung. Sie erläutert, in welchem Alter Kinder wie am besten gefördert werden können, welche Rolle Musik und Literatur, Sport und Körpertraining spielen.

Kornfield, Jack: *Meditation für Anfänger*, München, Goldmann Arkana 2005. Der bekannte Autor und Meditationslehrer fasst die wichtigsten Lehren zur Kunst der Meditation zusammen. Das Buch enthält auch eine CD mit sechs geführten Meditationen für Erwachsene.

Lantieri, Linda (Hrsg.): *Schools with Spirit. Nurturing the Inner Lives of Children and Teachers*, Boston, Beacon Press 2002. 14 angesehene Pädagogen erörtern, wie Schulen die innere Welt der Kinder fördern können, ohne den Glauben der Familien oder die Trennung von Kirche und Staat zu verletzen. (Englisch)

Shapiro, Lawrence E.: *EQ für Kinder. Wie Eltern die emotionale Intelligenz ihrer Kinder fördern können*, München, dtv 1998. Der Psychotherapeut L. E. Shapiro zeigt, wie Eltern Einfühlung, Kontaktfreudigkeit, Motivation und Selbstvertrauen bei ihren Kindern fördern können.

Siegel, Daniel J., und Mary Hartzell: *Gemeinsam leben, gemeinsam wachsen. Wie wir uns selbst besser verstehen und unsere Kinder einfühlsam ins Leben begleiten können*, Freiamt im Schwarzwald, Arbor 2004. Die Autoren stellen ein praktisches Erziehungsmodell vor, das Eltern zeigt, wie wichtig es ist, die eigenen Kindheitserfahrungen zu integrieren, und wie sie ihren persönlichen Erziehungsstil finden können.

Thich Nhat Hanh: *Das Wunder der Achtsamkeit. Einführung in die Meditation*, Berlin, Theseus 1988. Diese gut lesbare Einführung in die östliche Meditation präsentiert eine Methode zur Erkundung der Achtsamkeit, die auch für Anfänger leicht verständlich ist.

Anmerkungen

Vorwort

1 R. P. Weissberg et al.: »Promoting social and emotional learning enhances school success: Implications of a meta-analysis.« Manuskript zur Veröffentlichung eingereicht (2007).

Kapitel 1: Was Ihr Kind fürs Leben braucht

1 Diese Geschichten vom 11. September 2001 stammen aus dem Vorwort sowie aus den Kapiteln 1 und 9 des Buches *Forever After. New York City Teachers on 9/11*, hrsg. von M. Grolnick und veröffentlicht von Teachers College Press 2006. Abdruck genehmigt.
2 P. Thomas: *The Power of Relaxation*, St. Paul, MN, Redleaf Press 2003.
3 P.J. Rosch: »Job stress: America's leading adult health problem«, *USA Magazine*, Mai 1991.
4 H. J. Eysenck: »Personality, stress, and cancer: Prediction and prophylaxis«, *British Journal of Medical Psychology* 61 (1988), S. 57-75.
5 D. Wayne: »Reactions to Stress« (Februar 1998), www.wovenstory.com/wellness.
6 D. Shafer, P. Fischer et al.: »The NIMH Diagnostic Interview Schedule for Children«, *Journal of the American Academy of Child and Adolescent Psychiatry* 35 (1996), S. 865-77.
7 Siehe http://kidshealth.org/parent/emotions/feelings/kids_stress.html.
8 Die Studie von Thomas Achenbach beschreibt Daniel Goleman in: »The educated heart«, *Common Boundary*, November/Dezember 1995.
9 B. Benard: *Resiliency. What We Have Learned*, San Francisco, West Ed 2004.
10 »Mr. Mindfulness: Living in the Moment Is Tough, Even for the Idea's Leading Exponent. Just Ask Jon Kabat-Zinn«, *Washington Post*, 12. Juli 2005, F1.
11 »Into the Well: Wherever You Go, Be Mindful«, *Washington Post*, 14. August 2001, F3.
12 »Study Suggests Meditation Can Help Train Attention«, *New York Times*, 8. Mai 2007.

13 J. Sutti: »Mindful Kids, Peaceful Schools«, *Greater Good*, Sommer 2007.
14 Teile dieses Abschnitts sind eine Bearbeitung von: *Schools, Families, and Social and Emotional Learning* von L. Fredericks et al., veröffentlicht von der Collaborative for Academic, Social, and Emotional Learning (CASEL). Online nachzulesen unter www.casel.org. Abdruck genehmigt.
15 L. R. Huesmann und N.G. Guerra: »Children's normative beliefs about aggression and aggressive behavior«, *Journal of Personality and Social Psychology* 72, Nr. 2 (1997), S. 408-419.
16 D. Goleman: *Emotionale Intelligenz*, München, dtv 1997, S. 54.
17 J. E. Zins et al. (Hrsg.): *Building Academic Success on Social and Emotional Learning. What does the Research Say?* New York, Teachers College Press 2004.
18 Collaborative for Academic, Social, and Emotional Learning: *Safe and Sound. An Educational Leader's Guide to Evidence-based Social and Emotional Learning Programs*, Chicago, CASEL 2003.
19 L. E. Shapiro: *EQ für Kinder. Wie Eltern die emotionale Intelligenz ihrer Kinder fördern können*, München, dtv 1998.

Kapitel 2: Wie Sie Kindern die Übungen zur Beruhigung des Körpers und Sammlung des Geistes vermitteln

1 T. Hart: *Die spirituelle Welt der Kinder. Wie Sie ihre verborgenen Fähigkeiten verstehen und fördern*, München, Hugendubel 2007, S. 95.
2 Ebenda, S. 194/195.
3 M. J. Elias et al.: Emotionally Intelligent Parenting, New York, Three Rivers Press 2000. Abdruck genehmigt.
4 Entnommen und bearbeitet aus S. Usha Dermond: *Calm and Compassionate Children. A Handbook*, Berkeley, CA, Celestial Arts-Ten Speed Press 2007.
5 L. Lantieri (Hrsg.): *Schools with Spirit: Nurturing the Inner Lives of Children*, Boston, Beacon Press 2001. Abdruck genehmigt.
6 H. Benson und E. Stuart: *Das große Wellness-Buch*, Wien, Buchgemeinschaft Donauland 1995.
7 M. Davis et al.: *Stressabbautraining. Die besten Methoden zur Steigerung der Leistungsfähigkeit*, Augsburg, Bechtermünz 1999, S. 51-57.
8 A. Goldstein: *The Prepare Curriculum*, Illinois, Research Press 1999.
9 J. Kabat-Zinn et al.: »Effectiveness of a meditation-based stress reduction program in the treatment of anxiety disorders«, *American Journal of Psychiatry* 149 (1992), S. 936-43.

Anmerkungen

Kapitel 3: Übungen für Kinder von 5 bis 7 Jahren

1 J. Wilde Astington: »Theory of mind goes to school«, *Educational Leadership* 56, Nr. 3 (November 1998), S. 46-48.

Kapitel 4: Übungen für Kinder von 8 bis 11 Jahren

1 J. Garbarino et al.: *What Children Can Tell Us*, San Francisco, Jossey-Bass 1989.
2 C. Wood: *Yardsticks. Children in the Classroom Ages 4-12*, Greenfield, MA, Northeast Foundation for Children 1994.
3 S. Bothmer: *Creating the Peaceful Classroom*, Chicago, Zephyr Press 2003.
4 J. Cornell: *Mit Kindern die Natur erleben*, Mülheim, Verlag an der Ruhr 1999, S. 54f.

Kapitel 5: Übungen für Kinder ab 12 Jahren

1 P. J. Rosch: »Job Stress: America's leading adult health problem«, *USA Magazine*, Mai 1991.
2 S. Bothmer: *Creating the Peaceful Classroom*, Chicago, Zephyr Press 2003.
3 Eine Bearbeitung des Textes von J. Zimmerman Rutledge: *Dealing with the Stuff That Makes Life Tough*, New York, McGraw-Hill 2004.
4 Bearbeitung einer Definition von Jon Kabat-Zinn: *Gesund durch Meditation*, Frankfurt, Fischer Taschenbuch 2006, S. 16.

Kapitel 6: Emotionale Intelligenz: das wichtigste Erbe unserer Kinder

1 J. Gottman: *Kinder brauchen emotionale Intelligenz. Ein Praxisbuch für Eltern*, München, Heyne 1998, S. 25/26.
2 Ebenda, S. 24.
3 Zitiert in M. McLuhan und Q. Fiore: *Das Medium ist die Message*, Frankfurt am Main, Ullstein 1984, S. 93.
4 L. Lantieri (Hrsg.): *Schools with Spirit*, Boston, Beacon Press 2001.
5 Ebenda. Abdruck genehmigt.
6 A. Frank: *Das Tagebuch der Anne Frank*, Frankfurt, Fischer Taschenbuch 1957, 15. Juli 1944, S. 224/225.

Danksagung

Die Idee zum vorliegenden Buch und der beigefügten CD nahm im März 2007 bei einem der vielen lebhaften und inspirierenden Mittagessen Gestalt an, die ich im Laufe der Jahre mit Daniel Goleman hatte. Dans Weisheit, seine Großherzigkeit und seine Bereitschaft, ein fester Bestandteil dieses Projektes zu sein, haben die Umsetzung ermöglicht. An meiner Freundschaft zu Dan schätze ich unter anderem seine verblüffende Fähigkeit, ganz genau zu wissen, wann er einem Projekt großzügig seine Unterstützung anbieten und sein Fachwissen zur Verfügung stellen soll. Für gewöhnlich wirken sich seine spontanen freundlichen Gesten positiv auf das Leben unzähliger Erwachsener und Kinder aus. Ich entbiete dir, Dan, meine tiefste Bewunderung und meinen Dank. Ich bin mir sicher, dass dieses Buch niemals zustande gekommen wäre, wenn du den inneren Impuls ignoriert hättest, dich daran zu beteiligen.

Als Sounds True freundlicherweise die Veröffentlichung dieses Buches anbot und Hanuman Goleman bereitwillig zustimmte, die (englische) CD zu produzieren, wusste ich nur, dass ich als Werkzeug dienen und zur Verwirklichung dieses Projektes beitragen sollte. Vertrauensvoll stürzte ich mich ins Ungewisse, denn ich konnte mir noch nicht so recht vorstellen, woher ich die nötige Zeit oder Weisheit nehmen sollte, um der vor mir liegenden Aufgabe gerecht zu werden. Als ich das Angebot annahm, stellte sich zum Glück eine Fülle von Menschen, Mitteln und Möglichkeiten ein, die zur Verwirklichung dieses Projektes beitragen konnten. Ich möchte den nachfolgenden Menschen danken, die Teil meines Lebens und meiner Arbeit sind.

Danksagung

Zutiefst dankbar bin ich den vielen hundert Schulbeamten, Lehrern, Eltern und Kindern in den zwölf Schulen rund um das Grundstück des ehemaligen World Trade Centers in Lower Manhattan, das nun als *Ground Zero* bezeichnet wird. Ihr habt mir so weit vertraut, dass ihr bereit wart, die in diesem Buch vorgestellten Strategien auszuprobieren – und das zu einem Zeitpunkt, als ihr am verletzlichsten wart. Ihr habt mich an eurem Heilungs- und Genesungsprozess teilhaben lassen, und euer Geschenk ehrt mich.

Darüber hinaus stehe ich in der Schuld meiner Mitarbeiter am *Inner Resilience Programm* (»Programm für innere Widerstandskraft«): Charlotte de Lucia, Dragica Mikavica, Dana McCloskey und Veronica Vieira. Als ich eine Zeitlang meine alltäglichen Verpflichtungen vernachlässigte, habt ihr die Qualität einer Arbeit bewahrt, die wir Hunderten von Kindern, Eltern und Lehrern nahebringen mussten. Ich danke euch allen für eure liebevolle Unterstützung und eure Ermutigung.

Ich möchte auch den Erwachsenen und Kindern danken, die sich bereit erklärt haben, die hier vorgestellte Version des Materials zu testen – und das auch noch so kurzfristig. Zuerst die Eltern: Martha Eddy, Susanne Harnett, Lynne Hurdle-Price, Laura Parker Roerden, Elsa Punset Bannel und Marilyn Zlotnik. Und nun zu den Kindern, mit denen sie die Strategien getestet haben: Arielle Diker, Ian und Katherine Harnett, Gabriel und Samantha Hultberg, Eli Parker Roerden, Nai'im und Jabari Hurdle-Price, Sakai Hurdle und Alexia Jimenez de Punset. Danke, dass ihr dieses Buch mit eurem nützlichen Feedback noch besser gemacht habt.

Meine tiefe Wertschätzung möchte ich auch drei meiner Kollegen und Freunde aussprechen, die mir auf die verschiedenste Weise geholfen haben, meine ersten Entwürfe in ein geschliffenes Manuskript zu verwandeln, das dem behandelten Thema würdig ist. Ohne die stete Unterstützung und das Wissen von Neeta Jain, Laura Parker

Roerden und Tom Roepke hätte ich dieses Projekt nicht erfolgreich abschließen können. Danke, dass ihr euch so sehr in diesen Prozess eingebunden habt.

Dankbar bin ich auch den Kollegen und Mentoren, die mich auf dieser Reise begleiten, um das soziale und emotionale Lernen sowie die Pflege der eigenen inneren Welt zu einem festen Bestandteil der kindlichen Erfahrung zu machen, zu Hause wie in der Schule. Mein besonderer Dank geht an Roger Weissberg, Mary Utne O'Brien, Mark Greenberg, Timothy Shriver, Tom Roderick, Maurice Elias, Parker Palmer, Angeles Arrien, Sue Keister, Richard Davidson, Jon Kabat-Zinn, Tobin Hart, Peter Yarrow und Marian Wright Edelman. Euer Vorbild inspiriert mich immer wieder, mich voll und ganz in mein Leben und meine Arbeit einzubringen.

Zu guter Letzt gibt es in meinem Leben ein starkes Team aus Familienangehörigen und engen Freunden, mit denen mich eine tiefe spirituelle Verwandtschaft verbindet und die Teil meiner Seelenfamilie sind. Mein tiefster Dank gilt Carmella B'Hahn, Elaine Seiler, Robin Stern, Janet Patti, Madhavi Nambiar, Jezabella Kipp, Eileen Rockefeller Growald, Nancy Carlsson-Paige, Martha Eddy, Lynne Hurdle-Price, Amshatar Monroe, Rosalind Winter und meiner Schwester Lois Corbett. Ihr, meine lieben »Seelenfreunde«, seid die mitfühlenden Zeugen meiner geistigen und spirituellen inneren Welt sowie meines äußeren Lebens des Handelns und Dienens. Ich bin dankbar für eure bedingungslose Liebe, Weisheit und innere Stärke.

Linda Lantieri

Meditation für Anfänger

978-3-442-33733-0

»Jack Kornfield ist wohl der beste Meditationslehrer, den wir aktuell im Westen haben. Sein Humor, sein Mitgefühl sowie seine Klarheit und Einsicht machen dieses Werk zu einem kostbaren Schatz, der den Übenden sein Leben lang begleitet.«
Kwan Yin Society

Mit 6 geführten Meditationen auf CD

Mehr Informationen unter:
www.arkana-verlag.de

Der Dalai Lama -
ein spiritueller Lehrer für die Welt

13278

21686

13266

21539

Goldmann • Der Taschenbuch-Verlag

Trennung ist keine Lösung!

Denn die Beziehung, die Sie gerade haben, ist die beste, die Sie kriegen können. Eva-Maria Zurhorst, Deutschlands populärster Beziehungscoach und kenntnisreiche Expertin zahlloser Rosenkriege, räumt gründlich auf mit der Erwartung, beim nächsten Partner werde alles anders. Sie macht Mut, die existierende Beziehung anzunehmen und zeigt, wie Sie mit ihm / mit ihr glücklich werden.

ISBN 978-3-442-33722-4

»Märchen enden meist mit dem Tag der Hochzeit. Eva-Maria Zurhorsts Buch beginnt am Tag danach.«
Bella

Die CD zum Buch

Ein brillantes Plädoyer für eine werteorientierte Erziehung

320 Seiten. ISBN 978-3-422-33840-5

Viele Eltern vermitteln ihren Kindern, sie seien etwas ganz Besonderes, und versuchen gleichzeitig, ihre Kinder vor jeder Niederlage zu schützen. Die Folge einer solchen Erziehung bewirkt in den Kindern das, was Polly Young-Eisendrath »die Selbstwert-Falle« nennt: eine Gefühlsmischung aus Selbstbezogenheit und Selbstüberschätzung, Versagensängsten und Überforderungsgefühlen. Polly Young-Eisendrath zeigt, welche Werte und Maximen wieder in den Vordergrund rücken müssen, damit aus den Kindern von heute starke Erwachsene werden.

Überall, wo es Bücher gibt und unter www.arkana-verlag.de